_____ 드림

86개국 KOTRA 주재원들이 바라본 2017년 세계의 변화 속 기회

2017
KOTRA 리포트
변화의 파도를 향해 노를 저어라

초판 1쇄 인쇄 2016년 11월 15일
초판 1쇄 발행 2016년 11월 22일

지은이 KOTRA

발행인 장상진
발행처 (주)경향비피
등록번호 제 2012-000228호
등록일자 2012년 7월 2일

주소 서울시 영등포구 양평동 2가 37-1번지 동아프라임밸리 507-508호
전화 1644-5613 | **팩스** 02) 304-5613

ISBN 978-89-6952-141-5 03320

· 값은 표지에 있습니다.
· 파본은 구입하신 서점에서 바꿔드립니다.

86개국 KOTRA 주재원들이 바라본 2017년 세계의 변화 속 기회

2017
KOTRA 리포트
변화의 파도를 향해 노를 저어라

KOTRA 지음

경향BP

머리말

2016년은 1990년대 이후 세계 경제를 이끌어왔던 자유화와 개방화의 물결이 지속할 것인지 의문을 던진 한 해였다. 한때 정치 통합까지 논의했던 EU는 그리스 문제로 삐걱대다 브렉시트(Brexit)로 금이 가버렸고, 미국 대선 과정에서 터져 나온 FTA 재협상 이슈와 남발하는 반덤핑 수입 규제는 다시금 세계 경제를 격랑에 빠뜨렸다.

수출 부진이 이어져 어려움을 겪고 있는 우리 기업을 생각하면 참으로 답답한 한 해였다. 하지만 변화를 피할 수 없는 만큼, 그 흐름 속에서 기회를 찾아내는 안목이 어느 때보다 중요한 2017년이 다가오고 있다.

미국이 정치·경제적으로 보호 무역주의로 돌아서는 가운데 브렉시트의 충격파를 직접 맞은 영국과 EU는 새로운 협력의 틀을 도출해야 하는 과제를 안고 2017년을 맞이한다. 연이은 저성장과 수출 부진에 직면한 중국은 내수 시장 강화에 눈길을 돌리고 있고, 6년 차에 접어든 아베노믹스도 새로운 돌파구를 찾고 있다. 경기 부진이 계속되면서 많은 국가가 안으로 웅크리는 모양새다.

하지만 움츠러들수록 틈은 더 벌어지는 법이다. 브렉시트와 엔고의 결합은 EU에서 우리 제품의 가격 경쟁력을 높이고 있고, 성장 동력 강화를 위한 중국의 산아제한정책 폐지는 우리 키즈 산업에 거대 시장의 빗장을 열어주었다. 그뿐만 아니라 필리핀 신정부의 대대적인 건설 및 IT 산업 육성 정책은 우리 기업에 새로운 활로가 될 전망이다.

변화의 바람이 새로 만들어낸 시장도 주목할 만하다. 시장을 전면 개방한 미얀마에서는 고품질의 우리 제품이 인기를 끌며 새로운 시장으로 떠올랐고, 잇따른 테러로 크게 성장하고 있는 유럽 지역의 호신용품 시장도 기회가 될 것으로 보인다. 중국에도 불어온 건강, 친환경 바람 역시 우리 기업이 주목해야 할 포인트다. 이른바 가성비 좋은 제품으로 소비자를 공략하는 인도의 '파이샤 바술' 마케팅 전략은 변화하는 시장을 공략하는 데 큰 힘이 될 것이다.

또한 우리는 새로운 흐름을 선도하기 위해 적극적으로 도전하는 세계 곳곳의 모습을 벤치마킹해야 한다. 전기 자동차로 차세대 에너지 강국을 준비하는 독일, 신재생 에너지 산업으로 출구를 찾는 캐나다, 친환경 산업을 고부가가치로 만드는 호주 등은 미래 시장에 우리 기업이 나아가야 할 방향을 제시해준다. 스마트 공장으로 혁신을 이끄는 장인의 나라 이탈리아와 국가

6

이미지 자체를 파워 브랜드화하는 스위스의 'Swiss Made'는 새로운 사업 모델을 만들어가는 대표적인 모습이다.

2017년에도 세계 시장은 계속 변화할 것이다. 시시각각 바뀌는 변수들은 여전히 우리를 긴장시키지만, 흐름을 읽을 수 있다면 격랑의 바다를 두려워만 할 필요는 없다. 거센 조류를 만나면 조류를 타고 흐르는 것도 방법이고, 태풍이 몰아치면 돛을 내리고 노를 드는 것도 방법이다. 다시 불어올 훈풍에 돛을 올릴 때를 기다리며 그 흐름을 읽어가며 활용할 줄 아는 지혜가 필요한 시점이다.

이 책은 전 세계 86개국의 도전과 혁신의 현장에서 우리 수출 기업과 함께하고 있는 KOTRA 주재원들이 보내온 2017년의 변화와 기회 그리고 우리가 해야 할 선택과 도전에 관한 생생한 리포트다.

지금 이 순간에도 세계 시장 개척을 위해 각지에서 고군분투하고 있을 우리 기업인과 세계를 무대로 뻗어가려는 독자들에게 격려의 박수를 보내며, 아무쪼록 이 책이 2017년을 준비하는 우리 모두에게 귀한 길잡이가 되기를 기원한다. 이 책의 발간에 협조해주신 모든 분들에게 감사드린다.

KOTRA 사장 김재홍

제1장_ CHANGE
변하지 않는 것은 없다
흔들리는 세계, 변화하는 비즈니스 환경

제3장_ CHOICE
시장에 맡길 것인가, 시장을 선택할 것인가
기회 시장 진출을 위한 탐색

제4장_ CHALLENGE
준비와 도전은 같은 말이다
새로운 변화를 선도할 세계의 도전

CHANGE
변하지 않는 것은 없다
흔들리는 세계, 변화하는 비즈니스 환경

브렉시트 이후,
유럽 위기 다시 올까?

박소영_ 프랑크푸르트 무역관

브렉시트
가결

　　2016년 6월 23일 영국은 브렉시트, 즉 영국의 EU 탈퇴를 위한 국민
투표를 실시했다. 결과는 51.9%의 과반수 이상 찬성으로 가결로 나타났다.
브렉시트 가결은 예상 밖의 결과로 EU에 충격으로 다가왔다. 독일과 프랑
스 등 주요 EU 회원국 주가는 장중 10% 하락했고, 환율 시장도 불안정세를
보였다. EU 결성 이래 최초로 회원국의 EU 탈퇴가 현실화될 수 있는 상황
이 벌어진 것이다.

세계 정치·경제에
미치는 영향

　　　　　브렉시트 투표 이후 단기적으로 나타났던 금융 시장 내 파장은 이내 수그러졌으나, 유럽 내 경제 불확실성 증가에 대한 우려는 여전하다. 향후 파운드·유로화의 감소세로 인한 금융 시장의 불안과 소비 위축과 시장 변동성의 확대, 이와 함께 중·장기적으로 글로벌 수요 위축 등의 확률이 높아졌다.

　그리스를 중심으로 한 유럽 재정 위기의 부정적인 여파가 채 가시지 않은 상황에서 지속되는 난민 유입에 따른 사회 불안 증가와 이에 따른 각국 내 보수 여론 및 포퓰리즘도 확산일로에 있다. 프랑스에서는 극우 성향의 '마린 르 펜(Marine Le Pen)', 독일에서는 '독일을 위한 대안(AfD)' 등의 우파가 득세하고 있고, 이탈리아에서도 이른바 '오성운동(The Five Star Movement)'으로 불리는 포퓰리즘 성향의 정당이 집권 민주당을 앞서고 있다.

무엇보다 브렉시트 리스크가 현실화되면, EU의 구심력 저하가 EU 탈퇴의 도미노 효과를 가져와 다시금 유로존 위기로 이어질 수 있다는 우려가 크다. 도이치은행(Deutsche Bank)은 브렉시트가 유로존 위기를 재차 악화시킬 수 있다는 우려를 표한 바 있고, 일각에서는 경제 규모가 작은 그리스의 유로존 탈퇴(Grexit, 그렉시트)보다 파장이 클 것이라는 예측도 있다. 이른바 'PIIGS(포르투갈, 이탈리아, 아일랜드, 그리스, 스페인)'로 불리는 유럽 재정 위기 국가에서 브렉시트에 따른 여파로 다시 금융 위기를 맞을 수 있다는 위기감이 확산되고 있다.

그러나 현재 유럽중앙은행(ECB)은 브렉시트 가결 후 아직까지는 구체적인 방안을 내놓지 않고 추이를 예의 주시하고 있는 상황이다. 브렉시트가 세계 경제에 미치는 영향을 예측하기 어려울 뿐만 아니라, 신용 평가 기관이 영국뿐만 아니라 남유럽 국가 신용 등급을 하향 조정할 것으로 전망함에 따라 해당 국가 소재 은행에 압박이 가중될 수 있다.

독일이 바라보는 브렉시트

한편 영국의 브렉시트 가결로 EU 내부적으로는 EU 회의론이 대두되며, EU 공동체의 존폐 위기가 화두로 떠오르고 있다. 브렉시트 논의의 근본적인 배경에 EU 통합의 문제가 있기 때문이다. EU로 지나치게

이양된 주권과 과도한 EU 분담금 부과, 역내 무역 적자 심화, 최근 과도한 난민 유입(2015년 기준 약 132만 명) 등은 영국의 브렉시트 논의의 직접적인 요인으로 작용하였다.

브렉시트를 계기로 반EU 정서 확산과 더불어 EU의 구조 개편에 대한 논의가 뜨거운데, 이와 관련해서는 다양한 입장 차가 존재한다. 브렉시트는 유럽 경제와 정치적 통합에 커다란 리스크임이 분명하다. 브렉시트는 미래 유럽연합의 행보에 대한 의문을 던지며, 유럽 통합을 저해할 것이라는 목소리가 크다.

그럼에도 불구하고 현재 EU는 독일과 프랑스를 주축으로 지속적인 EU 정상과의 대화를 이어나가며 EU 공동체의 결속을 이어나가기 위한 노력을 개진해나가고 있다. 특히 독일 메르켈 총리는 "EU는 시민에게 안전과 성장, 청소년의 비전을 제공할 수 있어야 한다."고 강조하며, 더 나은 EU를 만들어가고자 하는 의지를 내보이고 있다.

한국의 실물 경제에
미치는 영향

그렇다면 실제 브렉시트가 일어났을 때, 한국의 실물 경제에는 어떤 영향력을 미칠까? 영국 및 EU 경기 둔화에 따른 소비 시장 위축이나 환율 변동에 따른 수출 채산성 약화, 또는 관세 상승, 규제 변동에 따른 추가 부담 등이 우리 경제에 악재로 작용할 수 있다. 그러나 다행히 직접적인 파장은 제한적일 것으로 예상된다. 이는 우리나라의 총 수출 중 대영 수출 비중이 2015년 기준 1.4%에 불과하며, 변화 속에 기회가 있듯이 브렉시트가 우리 경제에 긍정적인 효과도 적지 않을 것으로 보기 때문이다.

단기적으로는 주요 경쟁국인 일본 역시 브렉시트 가결 이후 엔고 지속으로 가격 경쟁력이 약화된 관계로 한국 제품에는 반사이익이 기대된다. 국내 기업은 브렉시트를 둘러싼 시장의 재편 과정에서 새로운 틈새 비즈니스 기회를 노려야 한다.

우선 영국이나 일본으로부터 수입선 전환을 꾀하는 바이어 발굴을 해야 할 것이다. 특히 대EU 수출 호조 품목인 자동차 부품, 소비재, 의료, 전자·IT 분야에서 상대적으로 기회가 더 있을 수 있다. 또한 글로벌 기업의 EU 역내로의 생산 기지 이전 계획 수요를 파악해 미리 대응하며 틈새시장을 개척해나가는 것도 중요하다. 특히 엔화 상승 요인에 따른 우리 수출 기업의 이점을 활용해 기타 EU 국가에 진출한 일본 제조 기업을 대상으로 납품 기회를 발굴하는 것도 바람직하다.

물론 브렉시트 발발 시 경제적 파급 효과가 어느 정도일지, 얼마나 지속될지 예측하기는 쉽지 않다. 영국의 탈퇴 신청 후 유예 기간 동안 EU-영국 간 단일 시장 체제는 현상 유지될 것이고, 향후 EU는 영국과 새로운 관계 설정을 위한 협상을 진행할 것으로 예상된다. 따라서 지속적인 모니터링을 통해 장기적 관점에서 전략적 대응을 해나갈 시간은 있다. 그러므로 제품 경쟁력을 확보하고, 틈새 기회를 발굴해서 위기를 적극적으로 타개해나가며, 브렉시트 발생 시 새로 재편되는 EU 시장 내 입지를 다질 수 있도록 힘써야 한다.

브렉시트, 우리에게 기회인가 위기인가?

박은경_ 런던 무역관

브렉시트 이후 영국 경제의 변화

2016년 6월을 기점으로 브렉시트가 현실화되고 있다. 2015년 하반기부터 영국 내에 심화된 유럽 난민 사태를 시작으로 테러 문제와 2008년 금융 위기 이후 일자리를 얻기 위해 유입되는 EU 역내 이민자 수 급증 등의 요인이 복합적으로 작용한 결과이다.

그렇다면 브렉시트 이후 EU와의 관계가 변함에 따라 영국 자국의 경제는 어떤 변화가 있을까? 2015년 기준 대EU 수출은 영국 전체 수출 규모 중 43.7%, 수입은 53.1%를 차지할 정도로 EU는 영국의 최대 교역 대상지이다. 만약 EU 단일 시장과의 무관세 교역이 어려워질 경우 영국 경제는 큰 타격

EEC에서 유럽연합(EU)으로 변경
유로화 화폐 통합

영국 EEC 가입   동유럽 국가   유럽
대거 EU 가입   난민 사태

1973 1975   2004 2008 2015 2016
영국 EEC 탈퇴   유로존 재정 위기   영국 EU 탈퇴
국민투표 부결   (글로벌 경제 위기)   국민투표 및
브렉시트 결정

을 입을 수 있다.

　금융 허브인 런던에서도 EU 탈퇴 후 영국이 '패스포팅 권리*'의 영향권에서 벗어날 것에 대한 우려가 확산되고 있다. 글로벌 금융사들은 런던에 법인을 설립한 후 패스포팅 권리를 적용받아 나머지 EU 회원국을 대상으로 금융 서비스를 제공해왔는데, 영국이 EU를 탈퇴하게 되면 더 이상 EU 회원국에서 금융 상품·서비스를 판매할 수 없기 때문이다.

　이에 따라 런던에 유럽 본부를 두고 있는 금융 기관들은 다른 EU 국가로 본부를 이전하거나 런던 법인의 규모를 축소할 계획을 검토하고 있는 것으로 전해진다.

---

*패스포팅 권리(Passporting Rights) : EU 회원국에 주어지는 권리로, 은행이나 금융사가 한 EU 국가에서 설립 인가를 받으면 그 밖의 EU 회원국에서도 자유롭게 지점을 개설할 수 있는 권리를 말한다.

영국은
어떤 나라인가?

경제적인 타격에도 불구하고 EU에서 탈퇴를 희망하는 영국은 어떤 나라인가?

영국은 2015년 GDP 기준(약 2.9조 달러)으로 EU에서 독일에 이어 두 번째로 큰 경제 규모이며, 세계 5위의 경제 대국이다. 또한 2014/2015 회계 연도 기준으로 유럽 1위, 세계 3위의 투자 유치국이기도 하다.

특히 런던은 유럽 금융의 허브로서 유럽 내 대부분의 금융 거래가 이곳을 거친다고 해도 과언이 아니다. 이렇게 확고한 경제적 위치와 금융 환경 덕분에 최근에는 창업 시장도 활기를 띠어, 창업의 메카 미국 실리콘밸리에 이어 런던 실리콘 라운드어바웃(Roundabout)이 스타트업의 중심지로 주목받고 있다. 법인세도 서유럽에서는 아일랜드 다음으로 최저 수준이다. 또한 유로가 아닌 자국 화폐인 파운드화를 사용해서 경제 위기가 닥쳤을 때 정부 차원에서 상황에 대응하는 것이 빠르다.

국제 관계적 측면에서 봤을 때에도 영국은 미국과 같은 영어권 국가로서, '영미권'이라 부를 정도로 유럽 국가 중에서는 미국과 가장 가깝다. 위치도 서유럽의 가장 가장자리에 있어, 미국과 유럽 대륙을 이어주는 가교 역할을 한다. 이렇듯 영국은 기본적으로 튼실한 펀더멘털을 지니고 있기 때문에 2008년 유럽 경제 위기가 세계 경제를 휩쓸고 지나간 후에도 비교적 빨리 회복세로 돌아설 수 있었다.

EEA 회원국 가입 모델 (Norwegian Option)	양자 간 자유 무역 협정 체결 모델 (Swiss Option)	무역 협정 비 체결 모델 (WTO/MFN Terms)
• EU 예산 분담금 → 부담 • 독립적인 무역 정책 수립 → 가능 (제3국과 FTA 체결 가능) • 국경 통제 권한 → 없음 (이동의 자유 허용) • EU의 자국 경제 간섭 정도 → 높음	• EU 예산 분담금 → 부담 • 독립적인 무역 정책 수립 → 가능 (제3국과 FTA 체결 가능) • 독자적 국경 통제 → 가능 (그러나 이동의 자유를 허용해야 할 가능성 높음) • EU의 자국 경제 간섭 정도 → 중간	• EU 예산 분담금 → 없음 • 독립적인 무역 정책 수립 → 가능 (제3국과 FTA 체결 가능) • 독자적 국경 통제 → 가능 • EU의 자국 경제 간섭 정도 → 낮음

브렉시트 이후
한-영 관계

우리나라와 영국은 1884년에 한-영 국교를 수립하고 약 130년이 지난 지금까지 정치·경제·문화·과학·기술 등 많은 분야에서 수많은 협정을 체결하며 우호적인 관계를 유지해왔다. 또한 최근에는 제3국 공동 진출도 모색 중이다.

2015년 기준으로 한국의 대영 수출액은 약 74억 달러, 수입액은 약 61억 달러로서 영국은 수출액 기준 우리나라에서 16번째로 거래가 많은 국가이다. 그러나 영국이 EU에서 탈퇴하면 더 이상 한-EU FTA를 적용받을 수 없기 때문에 현재 수준의 시장 접근성을 보장받기 위해서는 한-영 FTA 체결을 고려해야 한다.

또한 영국이 한-EU FTA 수혜 대상에서 제외되는 등 영국과 EU 간 관계가 변화함에 따라 영국에서 사업 활동을 하고 있거나 계획하고 있는 우리 기업들도 사업 전략을 조정할 필요가 있을 것으로 보인다.

한국 기업의
기회 요인

영국 내수 시장을 타깃으로 삼고 있는 기업은 영국의 수입선이 EU 역외로 대체될 경우 영국 내수 시장 진출 혹은 시장 확보 기회를 잡을 수 있게 되었다. 따라서 중국 등 제3국과의 가격 경쟁력 확보 방안을 고민하면서 틈새시장을 공략하는 적극적인 마케팅을 펼쳐야 한다. 그러나 유럽 시장을 타깃으로 영국에 진출한 기업은 이제 영국을 통한 유럽 시장에의 접근이 어려워질 수 있어 유럽 본토로 사업 본거지 이전을 고민할 필요가 있다.

영국 프로젝트 시장 진출을 희망하는 기업에게는 EU 기업과 동일한 조건에서 경쟁할 수 있는 조건이 갖추어져, EPC(설계-조달-시공을 원스톱으로 제공하는 사업)에 강한 우리 기업들에게는 큰 기회가 될 수 있다.

영국은 산업혁명의 발상지이자 의회민주주의가 처음 시작된 곳이며, 우리나라에서 한창 관심을 갖고 있는 창조 경제의 본산으로도 잘 알려져 있다. 이렇듯 역사적으로 중요한 변화를 이끌어온 영국이 현재 또 다른 변화의 기로에 서 있다. 그간의 저력으로 영국이 현재 상황에 잘 대처해나간다면 이러한 변화는 우리나라와 영국 간 새로운 경제적 동반자 관계를 만들 계기가 될 것이다. 이 같은 중요한 시점에서 우리 기업들은 양국이 서로 윈윈(win-win)할 수 있는 전략을 마련하여, 브렉시트를 경제적 불안이 아닌 기회 요인으로 만들기를 바란다.

Interview

정치 – 경제 간 상호연결성을 간과하지 말아야 한다

인터뷰 대상
제임스 모리슨(James Morrison)
런던정치경제대학 국제관계학 조교수
고려대학교 국제하계대학 강사

Q 영국의 향후 2년, 어떻게 보나? 브렉시트발(發) '불확실성'은 언제쯤 해소될까?

A 이 불확실성이 단·중·장기별로 영향을 미칠 것이라는 점이 문제이다. 리스본조약 50조가 발효하기 전이기 때문에 협상이 끝나기까지는 2년 이상이 걸릴 것이다. 탈퇴 협상 시작 시기도 아직 알 수 없는 상황이다. 테레사 메이 총리가 "브렉시트는 브렉시트다."라고 말하면서 탈퇴에 대한 강한 의지를 보이긴 했지만, 언제 협상을 시작할지는 알 수 없다. 이건 '불확실성'이라는 빙산의 일각에 불과하다.

우리 대학 내에서는 브렉시트가 영국의 실제적인 정치·경제적 독립이 아니라 '무늬만 탈퇴'일 가능성도 제기되고 있다. 영국 정치권의 지저분한 정치 싸움이 될 가능성이 있다는 것이다. 탈퇴 협상의 범위는 방대하다. 탈퇴를 한다고 해도 유럽의 단일 시장 접근권을 얻는 대신 EU 국가로서 갖고 있던 규제나 의무 등을 그대로 가져가야 할 가능성도 있다. 이러한 경우가 EU의 영향권을 벗어나지 못한 채 무늬만 탈퇴가 되는 셈이다. 하지만 영국과 EU의 의견이 갈리면, 이제 영국 정치권 내에서도 EU에 양보를 해야 할지 영국의 권익을 주장해야 할지 의견이 엇갈릴 것이다.

영국은 경제적 파트너를 원하지만 정치적 독립성은 유지하고 싶어 하는 반면, EU는 정치·경제적인 영향력을 모두 행사하고 싶어 한다. 물론 정치적 요소를 배제하면 어느 나라건 무역 관계는 순탄히 흘러간다. 하지만 유럽연합 자체가 제2차 세계대전 이후 또 다른 전쟁의 발발을 막기 위해 유럽의 정치·경제적 통합을 목적으로 설립된 것인데, 지금 영국의 주장처럼 EU와의 관계에서 필요한 것만 골라 가져오겠다는 것은 유럽연합의 근본을 심히 흔드는 일이기도 하다.

Q 영국 내 제조업, 건설, 소비 부문 등의 경제 지표가 예상보다는 양호한데, 브렉시트가 옳은 결정이었다는 의미일까?

A 확실히 현재까지 브렉시트의 영향력이 그렇게 파괴적이지는 않다. 하지만 국민투표의 결과는 그저 국민들이 EU를 탈퇴하고 싶다는 희망을 피력한 것에 불과하다. 탈퇴 협상이 시작되면 그 영향이 긍정적이건 부정적이건 눈에 보이기 시작할 것이다. 지금까지 파운드화 가치가 16%나 떨어졌다. 이게 아마 질문에 대한 답이 될 것 같다. 이러한 환율 변동은 이해 당사자가 누구냐에 따라 좋은 소식일 수도, 나쁜 소식일 수도 있다. 환율이 떨어지면

대영 수출 업계에는 희소식일 것이다. 더 비싼 가격으로 팔 수 있으니까. 하지만 반대로 영국 내에서는 물가가 올라 영국 소비자들은 힘들어할 것이다. 눈에 띄는 경제적 영향은 영국이 EU와의 관계를 정리해나감에 따라 차차 보일 것으로 생각된다.

Q 향후 10년간 영국 산업 변화를 어떻게 전망하나? 영국이 국제 사회와 교류하는 방식에 브렉시트가 미치는 영향이 있을까?

A 협상을 어떻게 해나가느냐에 따라 달려 있다. 영국이 양보해서 EU의 요구를 수용한다면 전망은 좋을 것이고, EU에서 완전히 벗어나는 길을 택한다면 영국의 대표 산업들은 타격을 받을 것이다. 조금 벗어난 이야기지만, 이민자 수용에 대한 영국의 입장만은 확실하다고 본다. 브렉시트에 찬성표를 던지게 한 가장 큰 요인이 바로 이민자 문제이기 때문이다.

영국과 EU 모두 유럽 단일 시장에 대해서는 같은 입장이다. 하지만 미국인인 나와 같은 외국인의 영국 내 취업과 이민 문제에 대해서는 아니다. 영국은 다른 EU국에 비해 인건비가 높다. 만약 해외 인력의 유입을 막는다면 노동력은 점점 비싸질 것이고, 노동 집약적 산업이 타격을 받을 것이다. 영국은 점점 더 자본 중심적이고 고가치 인력을 필요로 하는 산업에 집중할 수밖에 없을 것이다.

Q 브렉시트로 인해 어떤 사회적 계층이 가장 큰 혜택을 받을까?

A 이전 질문에 대한 대답과 비슷한 맥락인데, 이민자 유입을 통제하면 저

학력 노동자 계층이 경쟁자가 줄어드니까 수혜를 얻게 될 것이다.

Q 새 내각에 EU 탈퇴파와 잔류파를 고루 배치한 메이 총리의 의도가 무엇이라고 생각하나?

A 총리의 의도를 정확히 파악하기는 어렵지만, 이번 내각은 '모 아니면 도'라고 생각한다. 총리는 브렉시트 찬성파로만 구성하면 내각이 급진적인 성향을 띨까 걱정했던 듯하다. 유리한 협상을 이끌어내는 것이 어느 때보다 중요한데, 이를 위해서는 EU와 우호적인 관계를 지닌 인물을 내세우는 것이 중요할 것이다. 반대로 잔류파로 내각을 채웠다면 협상, 즉 EU와의 관계를 원만하게 풀어가는 것에 의지가 없는 것처럼 비쳤을 것이다. 만약 협상이 불리하게 진행되면 책임의 화살이 총리에게 돌아갈 것이기 때문에 내각에 탈퇴파를 포진시킴으로써 잘 풀리지 않을 경우 화살을 나누어 맞을 수 있는 것이다.

Q 이번 브렉시트를 통해 한국과 같은 신흥 경제 부상국이 무엇을 배울 수 있을까?

A 정치-경제 간 상호 연결성을 간과해서는 안 된다는 점이다. EU 잔류파에서 이번 국민투표 캠페인에 쏟은 시간과 에너지는 상당했다. 제대로 된 데이터를 꾸밈없이 국민들에게 보여주었다. 반면에 탈퇴파는 거짓된 데이터를 갖고 홍보했음에도 불구하고 국민은 영국의 EU 탈퇴를 찬성했다. 잔류파가 국민투표에서 실패한 이유는 국민의 입장에서 생각하지 않았기 때

문이다. 정말 가려운 곳을 긁어주지 못한 것이다. 영국과 EU가 협상을 잘 해나간다면 서로 윈윈할 수 있겠지만, 앞서 말했듯이 유럽연합은 유럽 국가들의 정치·경제적 통합에 의의를 두고 있기 때문에 하나를 버리고 하나만 얻을 수 있을지는 의문이다.

거센 유럽 분리주의, 카탈루냐 독립 성공할까?

이성학_ 마드리드 무역관

유럽의 분리주의 운동

2016년 6월 24일, 영국인들은 브렉시트 국민투표에서 유럽연합 탈퇴를 선택했다. '설마 영국이 EU를 떠나겠어?'라고 생각했던 수많은 세계인이 예상을 벗어나는 결과에 경악했고, 파운드화 가치는 물론 전 세계 증시가 폭락했다. 그러나 이는 단지 시작에 불과하다. 스코틀랜드와 북아일랜드, 더 나아가 미국 텍사스나 캐나다 퀘벡 지역의 분리주의 찬성론자들이 브렉시트 결과에 고무되어 본격적으로 독립을 요구하고 나섰기 때문이다.

카탈루냐 독립 요구 시위 (출처 : www.flickr.com)

스페인의
분리주의 운동

이들 못지않게 유럽에서 분리주의 운동으로 골머리를 앓고 있는 나라가 있다. 바로 스페인이다. 스페인에는 자신을 스페인 사람으로 여기는 이들이 그리 많지 않다. 심지어 자신을 스페인 사람으로 취급하는 것을 매우 불쾌히 여긴다. 스페인 중부 지방에 속하는 카스티야 지역을 제외한 대다수의 지역 주민은 외부인이 자신을 그 지역민 자체로 인정해주기를 원한다. 17개의 자치주로 나뉘어 있으며 스페인어 외 공용어가 6개나 되는 국가에서 이러한 현상은 어쩌면 당연할 수도 있다.

우리에게 스페인은 축구나 관광적인 면모만 부각되어 있어 이러한 정치적 분쟁이 낯설게 들릴 수 있다. 그러나 스페인은 유럽에서 독일, 프랑스, 영국, 이탈리아에 이어 다섯 번째로 내수 시장이 큰 경제 대국이기 때문에 이들이 겪고 있는 문제는 유럽연합에 큰 영향을 미치며, 이는 결국 어떠한 방식으로든 우리에게 타격을 입힐 수 있다.

카탈루냐의
독립 요구

현재 스페인의 분리주의 운동은 바르셀로나가 속해 있는 카탈루냐 지역에서 가장 거세다. 카탈루냐는 일찍이 로마제국 시절부터 해상 무역으로 경제 기반을 단단하게 다져와, 다른 지역에 비해 제조업과 서비스업이 고도로 발달해 있다. 이러한 이유로 카탈루냐의 독립은 스페인 경제에 재앙 수준의 치명타를 입힐 수밖에 없어서 스페인 중앙 정부는 이를 필사적으로 막고 있다.

카탈루냐는 스페인에서 가장 경제 규모가 큰 지역으로 국가 경제의 약 20%를 차지한다. 즉 카탈루냐가 없는 스페인의 경제는 1조 달러에서 8천억 달러로 추락함을 의미한다. 더군다나 이러한 분리주의 운동이 타 지역으로 번질 경우 스페인은 엄청난 정치·경제적 혼돈에 빠질 수 있다. 최악의 시나리오를 예상하자면 여러 조각으로 산산조각 나 순식간에 유럽의 경제 대국에서 중소 국가로 전락할 수 있다.

특히 카탈루냐의 독립은 스페인 경제의 원동력을 잃는 것과 다름없다. 카탈루냐 경제에서 제조업의 비중은 약 20%로, 56만 명에 달하는 인구가 자동차, 식품 가공, ICT, 제약, 화학 등과 같은 고부가가치 산업에 종사한다. 자동차 제조업의 경우, 닛산과 폭스바겐 생산 공장이 자리 잡고 있어 스페인에서 생산하는 차량 네 대 중 한 대가 이곳에서 만들어진다.

또한 카탈루냐는 스페인 최첨단 기술의 성지로서 현지 ICT기업 중 21%가 카탈루냐에서 활동 중이며, 매년 세계 최대 모바일 박람회인 모바일월드콩그레스(MWC)가 카탈루냐의 바르셀로나에서 개최되고 있다. 그리고 다농이나 네슬레와 같은 다국적 기업을 위시해 약 3,700개의 음료·식품 업체가

바르셀로나 MWC 박람회 (출처 : www.flickr.com)

해당 지역에 있다. 이뿐만 아니라 국내 화학 제품 생산의 약 40%가 카탈루냐에서 이루어진다.

이처럼 카탈루냐의 탄탄한 제조 기반은 우수한 수출 실적으로 이어져 2015년 스페인 전체 수출의 26%를 차지했다. 카탈루냐 인구가 스페인 전체 인구의 16%에 불과한 점을 감안하면, 해당 지역이 국가 경제에 이바지하는 바가 얼마나 큰지 알 수 있다.

지정학적으로 볼 때에도 카탈루냐는 스페인이 중부 유럽으로 나아가는 길목에 자리 잡은 교통 요충지로서 교통이나 물류 서비스업에 막대한 영향을 미친다.

카탈루냐 독립, 가시화될 것인가?

불가능해보였던 브렉시트도 현실이 되어버린 것과 같이, 스페인의 분리주의 운동도 우습게만 볼 수는 없다. 예를 들어, 신예 급진 좌파로 최근 스페인 정치판에 돌풍을 일으키며 제3정당에 등극한 포데모스는 카탈루냐 지역 내에서의 국민투표를 지지한다. 만약 포데모스가 정권을 잡게 되어 헌법 개정까지 밀어붙이는 상황이 된다면 카탈루냐의 독립은 시간문제일지도 모른다.

하지만 카탈루냐가 독립에 성공한다고 해도 EU공동체에서 배제되면 카탈루냐에 활동 중인 수많은 다국적 기업은 스페인이나 타 EU 지역으로 거처를 옮길 것이고, 이에 따른 대규모 실업 인구 양산과 관련 하청 업체의 몰락을 가져올 수 있다. 여기에 국가 건립을 위해 매달 최소 45억 유로의 비용을 감수해야 하는데 유럽중앙은행으로부터 금융 지원을 받을 수도 없기 때문에 자체 조달하려면 지역 내 공공 재정이 악화될 수 있다. 이렇게 되면 아무리 경제 기반이 탄탄한 카탈루냐라 하더라도 회복이 불가능한 수준의 파국을 맞을 수 있다.

한국 기업의
리스크 체크

물론 스페인에 진출해 있는 한국 지사들은 대부분 마드리드에 거점을 잡고 있어 카탈루냐 분리주의 운동에 따른 리스크는 상대적으로 낮다. 그러나 카탈루냐가 독립한다면 유럽 단일 시장에서 튕겨져 나가게 되므로 영업 활동을 이어가기 위해선 상당한 불편과 비용을 감수해야 할 것이다. 또한 카탈루냐 바이어를 통해 스페인 시장에 제품을 공급하던 수많은 국내 기업은 독립 시 카탈루냐 지역 외 신규 바이어를 발굴해야 하는 것은 물론이며 더 나아가 물류 운송 방식까지 전면 수정해야 하는 상황에 직면할 수도 있다.

이와 같이 카탈루냐 분리주의가 실현되면 우리 기업의 수출 활동에도 직·간접적인 영향을 끼칠 것이다. 카탈루냐 독립은 급진 좌파 정당이 어느 정도까지 정권을 잡을 수 있느냐에 달려 있다. 향후 스페인 총선 및 지방 선거 결과가 분리주의 운동의 성패를 가늠할 수 있는 중요한 지표가 될 것이다. 브렉시트를 시작으로 앞으로 스페인을 비롯한 여러 유럽 국가에서의 분리주의 운동이 어떤 방향으로 나아갈지 귀추가 주목된다.

돌아보는 아베노믹스 5년,
앞으로 일본은?

하세가와 요시유키_ 도쿄 무역관

아베노믹스의
주요 세 정책

2012년 12월에 출범한 제2차 아베 내각은 아베노믹스를 내세워 당시 시장에서 열광적인 성원을 받았다. 대담한 금융 완화 정책과 기동적인 재정 정책 등을 실행해서 마침내 일본 경제가 20년 남짓 계속되었던 장기 디플레이션 불황에서 벗어나 부활했다는 평가를 받았다.

하지만 2016년 6월 27일 영국 『파이낸셜타임즈』는 「아베노믹스의 실패 – 투자자들은 이것을 인정해야 할 때(It's time for investors to admit it; has failed.)」라는 제목의 기사를 게재했다. 5년째인 아베노믹스는 과연 성공과 실패 중 어느 쪽일까?

'이 방법밖에 없다.'며 아베 총리가 호언장담한 아베노믹스는 세 가지 정책인 '세 개의 화살'로 이루어져 있다. '첫 번째 화살'은 '대담한 금융 완화'로 시장에의 자금 공급과 엔저 현상 유도를 노린다. '두 번째 화살'은 '기동적인 재정 정책'으로 정부 발주의 댐, 도로 건설과 같은 공공사업을 늘려 본격적으로 민간의 자력 회복을 지원하는 것이 목적이다. '세 번째 화살'은 민간의 신규 참여나 경쟁을 촉구하고 기업의 수익 본질을 개선하는 '장기 성장 전략'이다.

아베노믹스가 기대한 것은 '트리클다운 효과(trickle-down effect)'였다. 이는 대기업이나 부유층이 풍요로워지면 경제 활동이 활발해지고 그 혜택이 서민들에게도 퍼진다는 '트리클다운(효과가 뚝뚝 떨어진다)' 이미지에서 나온 말이다.

아베노믹스 5년의
영향과 성패

그렇다면 예상대로 트리클다운이 발생했을까? 아베 정권 출범 시 초기 목표를 달성하고 있는가에 대한 답은 명확하게 "NO."라고 말할 수 있다. 그럼 실패냐고 묻는다면, 그것 역시 답은 "NO."이다.

2016년 7월 10일 참의원 선거에서 여당이 크게 승리한 것, 또한 지금까지 4년에 걸쳐 정권 및 정책이 지속되고 있다는 것은 일본 국민이 아직까지는

※닛케이 평균 주가는 닛케이225지수 기반
출처 : 일본은행, Yahoo Finance 자료 기반 KOTRA 도쿄 무역관 작성

아베 정권 출범 전후의 주가와 환율 추이(2012년 1월~2016년 8월)

믿고 있다는 증거가 아닐까?

　일단 경기 동향 파악의 선행 지표인 주가는 아베 정권이 발족한 이후 크게 오른 것을 확인할 수 있다. 정권 발족 전인 2012년 가을 8,000엔 대 중반이었던 닛케이 평균 주가는 2015년 4월에는 20,000엔을 돌파했고, 현재는 16,000엔 대로 아베노믹스에 의해 주가는 거의 두 배가 되었다. 대담한 금융 완화로 전 세계를 돌고 있던 대량의 돈이 투자 자금으로 일본 주식 시장에 흘러 들어왔고, 엔저로 업적을 회복한 수출 기업 중심으로 주가 상승이 나

타났다.

아베노믹스가 노린 대로 기업은 업적을 회복해 2015년도 도쿄 증권 거래소 1부 상장 1,761사의 영업 이익은 전년 대비 10.68% 증가한 40조 8,902억 엔으로 과거 10년간 최고액, 그리고 4년 연속 증익을 기록했다. 또한 2012년도부터 2년간 일본 기업의 단기 순이익이 94조 엔이 증가한 결과만 봐도 아베노믹스는 기업에게 유효한 경제 정책이다.

그런데 이에 이어질 효과로 아베 정권은 종업원의 임금 향상, 신규 설비 투자 등에 의한 가계로의 파급을 기대했지만, 기업이 내부유보*로 자금을 돌려버린 것이 문제였다. 기업 업적이 회복되었는데도 임금 인상을 진행하지 않는 점을 우려해 정부가 내부유보에 과세를 검토하고 있다는 보도가 있었을 정도로 자금은 가계로 돌지 않았다.

임금은 좀처럼 인상되지 않는 가운데 엔저 현상의 부작용으로 해외에서 수입하는 가솔린이나 밀가루·고기 등의 식재료 가격은 올랐고, 2015년 4월 소비세 증세의 더블 펀치로 가계의 부담은 오히려 증가했다. 이 때문에 개인 소비는 주춤해 GDP에도 영향을 끼쳤다.

반면에 실업률은 2016년 6월 3.1%로 1995년 7월 이후 20년 11개월 만에

---

*내부유보 : 이익에서 배당이나 세금 등을 지불한 후에 남은 사내 자금. 이익 잉여금이라 부르기도 한다.

최저 수준을, 또한 유효구인배율*은 2016년 6월 기준 1.37배로 1991년 8월 이래 24년 10개월 만에 최고 수준을 기록했다. 즉 현재 일본의 노동 시장은 완전 고용에 가까운 상황이다.

이처럼 경제 지표에 드러나는 아베노믹스의 영향은 가지각색이며 그 성패는 쉽게 판단할 수 없다.

아베노믹스의
성장 전략 평가

아베노믹스의 전략은 첫 번째와 두 번째 화살인 금융 완화와 재정 정책으로 단기적 경기 자극을 가하는 동시에, 세 번째 화살로 규제 완화나 시장 개방 등 중·장기적 개혁을 단행하는 것이었다.

세 번째 화살이야말로 아베노믹스의 성공에서 가장 중요한 부분이라고 할 수 있다. 성장 전략을 강화하기 위해서는 구체적으로 농업이나 의료·돌봄, 노동 등의 분야에서 정부의 규제 완화가 필요하다. 현 시점에서는 첫 번

---

*유효구인배율 : 구직자 1명당 몇 건의 구인이 있는지를 나타내는 수치. 즉 유효구인배율이 1보다 높으면 일자리를 찾고 있는 사람의 수보다 기업이 요구하는 인원수가 많다는 것을 의미한다.

째 화살인 금융 정책에 과도한 부담이 집중되어, 일본 국민에게 고통을 동반하는 구조 개혁이 지연되고 있다는 지적이 있다.

물론 일본의 구조적인 문제인 인구 감소를 지적하는 전문가도 많다. 인구의 많고 적음은 경제의 수요·공급에 크게 영향을 미친다. 그러므로 다양한 노동 인력풀을 확보하는 동시에 여성의 취업률을 높이도록 환경을 정비하고, 고령자 인재를 활용하며, 외국인 노동자 수용을 확대하는 등의 신속한 대응이 필요하다.

한편 최근에는 금융 정책 최후의 수단으로서 '헬리콥터머니' 정책 도입에 대한 추측이 있었으나, 정부 관계자를 비롯하여 많은 학자는 여기에 부정적인 견해를 보인다. 이는 디플레이션 대책을 위한 더 강력한 금융 완화가 필요치 않다는 점과, 앞서 밝혔듯이 지금까지 개혁이 금융 정책에 너무 의지했다는 점에서 그러하다.

향후
일본 경제의 전망

결론적으로 아베노믹스의 성패에 대해서는 현 상황에서 판단하기 어렵다. 아베노믹스는 대규모 금융 완화, 기동적인 재정 정책에 의해 단기적인 경기 회복의 징후는 명확히 보였지만, 본격적인 경기 회복의 선순환으로는 이어지지 않았다. 물론 2020년 도쿄올림픽까지 일본 경제는 설비 투자 등의 수요로 어느 정도의 호황을 기대할 수 있을 것이다. 하지만 올림픽 이후는 현재 고전하는 성장 전략의 이행 여부가 일본 경제를 좌지우지할 것이다.

따라서 일본 정부는 앞으로 주요 산업의 규제 개혁·완화, 신산업의 창출, 외국인 노동자의 수용 등에 촉각을 곤두세울 수밖에 없다. 큰 변혁을 겪고 있는 일본 경제, 그와 함께 우리나라의 비즈니스 기회도 움직이고 있다는 점에서 향후 일본 정부의 정책 이행과 그 동향이 더욱 주목된다.

중국의 '소비유턴' 정책,
소비자 마음도 유턴시킬까?

정진우_ 베이징 무역관

중국의
수입 시장 실태

2015년 말, 중국 리커창 총리는 한 좌담회에서 "중국은 볼펜 하나도 제대로 못 만드는 나라"라고 탄식했다. 중국이 전 세계 볼펜 수요의 80%를 충당하고 있지만, 볼펜심과 잉크 등 핵심 원자재는 독일과 일본·스위스에서 90% 이상 수입하고 있는 현실에 대한 자성이었다.

해가 다르게 중국 산업은 성장하고 있지만, 자국산 상품들에 대한 중국인들의 평가는 그다지 좋지 않다. 현재 중국의 분유 시장은 70% 이상이 수입산 제품이 차지하고 있고, 중국인 여행객들은 일본에 가면 반일 감정이 무색할 정도로 비데와 전기 밥솥, 감기약 등을 '바쿠가이(싹쓸이)' 한다.

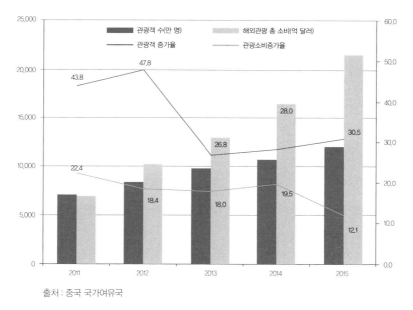

출처 : 중국 국가여유국

중국 관광객 수 및 소비 추이

중국의
해외 소비 규모

세계관광기구(UNWTO)에 따르면, 2015년 중국의 해외 관광객은 1억 명에 달했고, 중국 상무부 통계에 따르면 이들이 해외여행에 쓴 비용은 1조 5천억 위안(한화 약 255조 원)에 이른다. 중국은 미국과 영국을 제치고 세계에서 해외여행 최대 소비국으로 자리매김했다. 동시에 1인당 소비액도 1만 위안(한화 약 170만 원)으로 단연 세계 1위이다.

명품 시장에서 중국 여행객들의 구매력은 더욱 두드러진다. 전 세계 명품 소비에서 중국인들이 차지하는 비중은 46%로 압도적인 1위이고, 2015년 중국인들의 명품 소비 중 78%가 해외에서 발생했다. 상황이 이렇다 보니 중국 지도층들의 탄식도 이해가 간다. 중국의 대외 수입은 2014년 11월 이후 20개월째 마이너스를 기록 중이고, 소비 증가율도 정체세이다. 이 경기 침체 속에도 자국민들은 늘어나는 소득 상당 부분을 해외 명품 구매와 해외 여행, 해외 직구에 지출하고 있으니 중국 정부의 고민이 깊어질 수밖에 없다. 이에 중국 정부는 이런 체면 깎이는 상황을 공급과 수요 측면에서 개선하기 위해 전력을 다하고 있다.

정부의
소비유턴 정책

해외에서의 소비를 국내로 돌리려는 '소비유턴*'을 위해 중국 정부가 지난해부터 착수한 주요 정책은 아래 다섯 가지 정도로 요약된다. 잠정 관세 인하, 소비세 인하, 면세점 확충, 해외 직구 관리 감독

---

*소비유턴 : 자국민들이 해외에서 하는 소비를 국내로 돌린다는 뜻. 중국어로는 소비회류(消費回流) 혹은 소비환류(消費环流)로 표기하나 쉬운 이해를 위해 KOTRA 베이징 무역관에서 '소비유턴'으로 명명하였다.

강화, 중국 제품 품질 제고 등이다.

잠정 관세의 경우, 2015년 6월에 의류, 화장품(일부 품목 제외), 피혁 제품, 기저귀 등에 대해 기존보다 50%가량 잠정 세율을 낮게 설정했다. 이어서 2015년 12월에는 787개 품목에 대한 수입 관세 인하를 단행했다. 주요 제품군은 의류(16%에서 8%), 신발(24%에서 12%), 가방류(20%에서 10%) 등이다. 또한 2016년 6월에 발표된 '영·유아조제분유 제품 조제방법 등록관리방법' 등과 같은 정책은 향후 분유 업체당 브랜드 3개, 제품은 9개로 수입이 제한된다. 수입 제품이 시장의 73%를 차지하는 중국의 분유 시장에서 외국계 기업의 타격은 불가피할 것이다.

비슷한 맥락에서 2016년 4월에 발표한 해외 직구 관련 세제 개편 및 검역 강화 조치로 한국 온라인 직구 관련 기업들이 직격탄을 맞고 있다. 물론 통관 및 검역 관련 내용은 국내외의 반발과 중국 내의 정비되지 않은 시스템 등으로 시행이 1년 유예되었지만, 향후 관련 규정은 더욱 강화될 것으로 예측된다.

정책의 파급력과
한국의 영향

물론 중국의 소비유턴 정책에도 불구하고, 여전히 해외 관광객은 10% 이상 늘고 있고, 해외 직구 시장은 연 20% 이상 성장하고 있다. 한국에서 중국으로 들어오는 공항에서는 여전히 중국 관광객 손에 들린 전기 밥솥과 커다란 면세점 제품 쇼핑 꾸러미를 어렵지 않게 볼 수 있다.

아직 시장에서의 정책에 대한 반응은 미미하지만, 중국의 소비유턴 정책은 적지 않은 파급력이 있을 것으로 예상된다. 그 이유는, 중앙 정부 차원에서 관련 정책을 강도 높게, 또 지속적으로 추진한다는 점, 외국 기업 및 제품 비중이 높은 분야에서 조치가 이루어진다는 점, '13.5 규획', '중국제조 2025' 등 중장기 프로젝트와 동시에 진행된다는 점 때문이다.

무엇보다 중국산 제품들의 품질이 빠른 속도로 좋아지고 있다. 아직 더디지만 자국민들도 외면하던 중국 공항 면세점들이 눈에 띄게 세련되어가고, 조악하던 사무 용품들도 디자인이 좋아지고 있다. 그리고 각종 산업별로 규제'인 듯 아닌 듯' 시행되는 각종 규정과 정책들도 늘어나고 있다. 이런 상황에서 한국산 소비재들이 물류비, 관세 등을 부담하고서도 중국 제품보다 경쟁력을 갖추는 것은 쉬운 일이 아닐 것이다.

그렇다고 해서 소비를 중국 국내로 유턴시키는 것이 우리나라에 부정적인 영향만 있는 것은 아니다. 한국 면세점과 관련 품목들이 직접적인 영향을 받을 수 있어도 전체 소비 시장의 확대는 한국 소비재의 대중 수출에 긍정적으로 작용하기 때문이다. 또한 화장품, 소형 가전, 가공 식품 등 중국 내에서의 생산도 증가하는 추세이다. 수입 관세의 인하와 장기적인 소비세 인하로 관련 제품의 가격 경쟁력이 높아지는 점도 기대할 수 있다. 아울러 중국 정부가 유통 시장을 정비하고 가격 왜곡을 해소하려는 목적으로 시행하는 일부 정책들도 장기적으로는 제품의 유통 채널을 투명화하고, 그릇된 관행들을 바로잡는 계기가 될 것이다.

　그렇다면 중국의 소비유턴 정책은 중국 소비자들과 여행객들의 마음마저 '유턴'시킬 수 있을까? 지켜볼 일이지만, 아직 성적이 썩 좋다고 할 수는 없는 상황이다. 소비재의 대표 제품인 화장품은, 중국의 2016년 1~8월 누계 전년 대비 대외 수입이 26.8% 증가했고, 특히 한국에서의 동기간 수입은 47.2%가 증가했다. 해외에서의 소비를 국내로 환류하고자 하는 정부 정책의 영향으로 볼 수도 있지만, 여전히 해외 소비재에 대한 중국인의 사랑을 반증하는 대목이기도 하다. 정책 변동도 많고 불확실성도 큰 중국 시장이지만, 한국 기업이 중국 시장에 더욱 기민하게 대응하고 공략할 필요가 있다.

대만, 중국 제조업 성장에
어떻게 대처하나?

박지현_ 타이베이 무역관

대만의
중국 시장 의존도

2016년 5월 중화권 첫 여성 지도자가 탄생했다. 정권 교체도 했다. 진보 성향의 민진당이 제1당으로 올라섰다. 신정부는 지난 8년간 경제 성장률이 6.52%(2008년)에서 0.65%(2015년)까지 떨어진 것을 정상 궤도로 올려놓기 위해 산업 구조 혁신 의지를 보이고 있다.

2015년 경제 전문지 『포브스(Forbes)』에 따르면 대만의 대중 수출·경제 의존도는 26%로 호주(34%)에 이어 2위, 국내 총생산(GDP)의 대중 의존도는 16%로 1위다. 또한 2015년에는 홍콩 포함 중국으로의 수출 비중이 39.0%에 다다르는 등 대만 경제는 중국에 대한 의존도가 매우 높은 편이다.

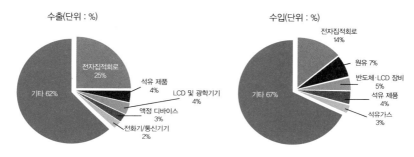

출처 : 대만 재정부 관무서

대만의 주요 교역품 (2015년 기준)

중국
경제 구조의 전환

중국은 노동력과 기술력 향상으로 그동안 수입품으로 대체하던 중간재 시장을 점차 국산품으로 대체하고 있다. 어지간한 부품은 중국에서 다 만든다는 소리다. 대만에선 이를 '홍색공급망(Red Supply Chain)'이라고 부른다.

2016년 4월, 대만의 대중국 수출액은 금융 위기 직후인 2010년 이후 최저치로 떨어졌다. 대중국 주요 수출 품목인 반도체와 광전자 소재는 각각 4.6%, 27.9%로 줄었다. 중간재를 생산해 중국으로 수출하던 대만은 중국의 핵심 부품 자급률 향상 노력과 홍색공급망 확대로 직격탄을 맞고 있다.

이 같은 대만 제조업의 위기로 GDP 중 제조업이 차지하는 비중은 서

글로벌 제조업 경쟁력 지수(GHCI)

순위	2016년		2020년		증감
	국가명	수치	국가명	수치	
1	중국	100.0	미국	100.0	▲1
2	미국	99.5	중국	93.5	▼1
3	독일	93.9	독일	90.8	–
4	일본	80.4	일본	78.0	–
5	한국	76.7	인도	77.5	▲6
6	영국	75.8	한국	77.0	▼1
7	대만	72.9	멕시코	75.9	▲1
8	멕시코	69.5	영국	73.8	▼2
9	캐나다	68.7	대만	72.1	▼2
10	싱가포르	68.4	캐나다	68.1	▼1

출처 : 딜로이트(www2.deloitte.com)

서히 줄고 있다. 주계총처(통계청)에 따르면 1960년대 중반 35%에서 1988년 21.7%로 감소했으며 2013년에는 20%로 떨어졌다. 딜로이트가 미국 국가 경쟁력 위원회와 함께 매해 실시하는 글로벌 제조업 경쟁력 지수(Global manufacturing competitiveness index)에 따르면 대만은 2016년 기준 40여 개국 중 7위를 차지했다. 한국은 5위다. 이 지수는 수치 100을 1순위로 보

대만과 세계 – 무역(수출), 경제 성장률 비교

년도	무역 증가율(%)			경제 성장률(%)		
	대만	세계	격차	대만	세계	격차
1982~1990	11.6	5.1	6.5	8.2	3.3	4.9
1991~2000	9.6	7.2	2.4	6.7	2.9	3.8
2001~2010	7.8	5.1	2.7	4.2	2.6	1.6
2011~2015	2.4	3.9	−1.5	2.5	2.7	−0.2

* 대만은 각 년도 구간별 수출 증가율
출처 : 공상시보(工商時報), 타이베이 무역관

고 수치가 낮아질수록 제조업 경쟁력이 낮아짐을 나타낸다. 눈여겨볼 것은 2020년 예상치다. 대만은 두 단계 순위 하락하고 수치는 마이너스 0.8이 예상된다. 한국 역시 한 단계 순위가 하락하였다.

대만의 수출 한계 상황

2,300만 명 인구에 천연자원이 나지 않는 수출 주도형 국가인 대만은 수출 한계 상황에 봉착했다. 최근 5년간 연평균 수출 증가율은 2.4%로 세계 무역 증가율 3.9%보다 낮다. 2010년까지 세계 교역 규

모보다 빠르게 늘던 대만 수출이 2011년 이후 역전당한 것이다.

국제통화기금(IMF)은 중국의 경제 구조 전환에 따른 타격을 가장 크게 받는 나라로 대만을 지목한 바 있다. 또 중국 경제 구조 재편에 따른 경제 성장률도 대만(0.35%), 한국(0.2%), 말레이시아(0.15%) 순으로 감소할 것으로 전망했다.

또한 수출 한계 상황에 부딪힌 대만은 인구절벽*이라는 악재도 품었다. 대만 인구는 2024년 2,374만 명을 정점으로 2025년부터 마이너스로 돌아설 것이라고 행정원 국가발전위원회가 밝혔다. 더욱이 15~64세 생산 가능 인구는 당장 2016년부터 감소하기 시작해 2061년에는 1,000만 명 전후로 줄어들 것이라고 예측하고 있다. 인구 감소는 노동력 부족, 세원 감소, 내수 침체 등을 불러오고 결국 저성장이 굳어져 인구절벽을 초래하게 된다. 결국 노동력 부족은 국가 경쟁력 약화로 이어질 수 있다.

신정부의
경제 활성화 대책

2017년 중앙 정부 예산은 경제 활성화 공약 이행에 대한 정권의 의지가 엿보인다. 총 예산액은 1조 9,980억 대만달러(한화 약 77조 원)으로 2016년보다 1.1%(220억 대만달러)를 더 증액했다. 이 중 3조가 조금 넘는 금액(900억 대만달러)을 산업 구조 개혁 및 해외 시장 확대, 서민 생활 안정을 위해 쏟을 예정이다.

개별 프로젝트 중 가장 큰 예산이 투입되는 것은 '아시아 실리콘밸리 프로젝트'다. 대만이 아시아 혁신 기지로 부상하기 위해 수도 타이베이 북부에 위치한 타오유앤(桃園)에 사물인터넷(IoT)* 연구 개발 센터, 아시아 태평양 지역 청년 혁신 IPO 센터를 조성한다는 것이다.

타오유앤은 소프트웨어 산업 단지가 소재한 타이베이와 ICT 제조업이 밀집한 신주(新竹) 사이에 위치해, 국제공항을 통한 아시아 주변국의 주요 도시와의 접근성이 우수하다. 또한 미국 실리콘밸리 기업의 대만 투자 유치를 확대해 자본·인재 유출 문제를 해소하고 세계 첨단 산업 밸류 체인(Value Chain) 기여도를 높일 계획이다.

이뿐만 아니라 대만은 이제 하드웨어 중심 산업 구조에서 소프트웨어로 방향 전환을 시도하고 있다. 그중 초고령 사회 진입으로 생산 능력이 부족할 것을 대비하여 로봇 산업을 적극 육성해 산업 자동화를 모색하고 있다. 대만 중부 타이중(台中)을 중심으로 산·학·연이 역량을 모아 협업 로봇, 머신 비전, 역각센서 기술, 로봇 감속기 등 스마트 기계 산업 핵심 기술을 중점

---

*인구절벽(Demographic Cliff) : 생산 가능 인구(15~64세)의 비율이 급속도로 줄어드는 현상. 미국의 저명한 경제학자 해리 덴트가 『The Demographic Cliff』(2014)에서 제시한 개념이다.
*사물인터넷(IoT, internet of things) : 사물에 센서를 부착해 실시간으로 데이터를 인터넷으로 주고받는 기술이나 환경을 일컫는다.

육성할 방침이다. 또한 관련 산업을 한데 모아 공급 사슬 수직 통합을 강화할 예정이다.

기업들의 사업 다각화 전환

이 같은 정부의 정책 변화에 앞서 대만 기업들은 발 빠르게 먼저 자세를 고쳐 잡았다. 애플 위탁 생산(OEM)으로 유명한 대만 홍하이정밀공업(폭스콘)은 사업 다각화로 성장 모델을 전환했다. 수익성이 낮은 단순 제조에서 벗어나 고부가가치 산업에 진출하려는 의도에서다. 홍하이정밀공업은 전기 자동차 시장 진출, 로봇 사업 진출, 스마트 공장 구축, 샤프 인수로 고급 기술을 획득하면서 관련 사업의 인수·합병과 신사업에 나서고 있다. 또한 노키아 피처폰을 인수하며 브랜드 사업에도 진출했다.

스마트폰 제조사로 유명한 대만 HTC는 가상 현실(virtual reality, VR) 체험 기기인 '바이브(VIVE)'를 상용화하며 VR 사업 부문 역량을 강화하는 중이다. 현재 상용화된 VR 기기는 바이브와 오큘러스 리프트(Oculus Rift)가 유일하다. 삼성, 애플 등과 초기 스마트폰 시장에서 어깨를 나란히 하던 HTC는 VR 사업과 클라우드 등 신사업을 전략적으로 육성 중이다. 게다가 2016년 8월에는 중국 최대 전자 상거래 기업인 알리바바와 전략적 동반 관계를 맺고 알리바바가 보유한 클라우드 플랫폼을 활용해 VR 콘텐츠 개발을 강화해 나갈 예정이라고 밝히는 등 VR 시장의 주도권 확보에 힘쓰는 모습이다.

대만
경제 산업의 전망

대만의 유력 일간지 『공상시보(工商時報)』는 "중국이 인터넷 발전에 힘입어 홍색공급망의 영향권을 전통 공업과 서비스업으로까지 확장하고 있다."며 소규모 개방 경제인 대만 경제 주체들이 더욱 활력을 불어넣어야 한다고 강조했다.

한국의 상황도 대만과 다르지 않을 것이다. 이제 중국이 협력과 분업이 아닌 경쟁 대상으로 바뀌고 있다. 중국의 행보를 세심하게 관찰하여 움직여야 한다. 우리 기업은 대만이 새로운 무대를 어떻게 마련하고 나아가는지 살펴보고, 이를 참고하여 활용할 방법을 고심해야 한다.

저유가에 따른 UAE의 정책, 어떻게 바뀌나?

박하얀_ 두바이 무역관

국제 유가와 UAE 경제 현황

2014년 2분기 배럴당 106달러 선이었던 국제 유가는 2015년 2분기 배럴당 63.2달러, 2016년 2분기에는 2014년 동기 대비 −91% 하락한 55.6달러를 기록했다.

UAE 정부는 석유·가스 산업에서 발생한 수입을 비석유 부문 성장을 위해 투자해왔으나 국제유가가 곤두박질치기 시작하면서 수익이 급감함에 따라 투자가 위축되고 있다. 그간 축적해온 오일머니가 저유가의 충격을 막아주고는 있지만, UAE는 2015년 글로벌경제위기 이래 첫 적자를 기록하는 등 전례없는 저유가의 장기화로 어려움을 겪고 있다.

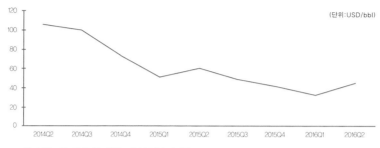

주: 브렌트유·두바이유·텍사스유의 평균 가격임
출처 : IMF, 2016년 8월 발표

연도별 국제 유가 변동

UAE는 아랍 세계에서 두 번째로 큰 경제 대국으로 안정적이고 번영한 국가로 GCC 및 아프리카로의 진출 관문이다. 세계 8위의 석유 매장량을 보유한 UAE는 2014년 국가 재정 수입의 91%를 석유 이권료와 세금으로 충당했을 정도로 석유 의존도가 높은 국가이다.

UAE 정부는 2015년 글로벌 경제 위기 이래 첫 적자를 기록하는 등 유례 없는 저유가의 장기화로 어려움을 겪고 있다. IMF는 UAE의 2016년 경제 성장률을 2015년보다 1.7% 낮은 2.3%로 예측하여 저유가에 따른 석유 부문의 성장 둔화, 긴축 재정과 금융 기관의 유동성 부족, 달러 강세 등이 비석유 부문의 성장도 둔화시키는 것으로 분석했다.

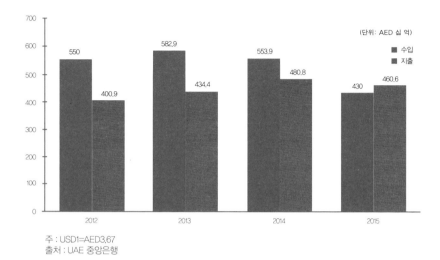

주 : USD1=AED3.67
출처 : UAE 중앙은행

2012~2015년 UAE 정부 수입 및 지출

저유가로 인한
UAE 정책 변화

        UAE 정부는 대외적으로 저유가로 인한 타격은 없음을 주장하고, 비OPEC 국가의 증산에서 비롯한 원유의 과잉 공급에 굴하지 않겠다는 OPEC의 결정을 지지했지만, 내부적으로는 에너지 보조금 삭감, 준조세의 증가, 프로젝트 취소, VAT(부가가치세) 도입 검토 등 정책 변화를 진행하고 있다.

유가 보조금 제도 폐지

IMF에 따르면 UAE 정부의 에너지 보조금(천연가스, 전기 포함)은 연간 290억 달러로 GDP의 6.6%에 달하며, 그중 유가 보조금은 70억 달러 규모다. 2015년 7월 UAE 에너지부는 신규 연료비 책정 정책 도입을 발표하여 2011년 이후 변동이 없었던 가솔린 가격을 국제 평균과 비슷한 수준으로 조정하고 매월 연료비 조정 위원회의 검토를 통해 연료비 가격을 공지하고 있다.

조세 확충

2016년 1월에 물·전기 요금 제도를 재정비하여 요금 상승, 주차비 및 교통 벌금, 정부 서비스 수수료 등 준조세를 인상함으로써 유가 하락으로 줄어든 정부 수입을 확충하고 있다. 2016년에 예산 운용을 위한 재정 수입의 74%를 차지하는 정부 서비스 수수료가 12% 증가했다는 두바이 정부의 발표는 준조세의 인상이 가속화됨을 시사한다.

게다가 GCC 국가 차원에서 이익 증대와 공공 서비스 투자 확대를 위해 2018년 1월부터 5%의 VAT 도입을 확정했다. VAT 도입 및 시행 관련 세부 사항은 아직 조율 중이나, UAE는 VAT 시행 첫 해에 33억 달러가량의 세수를 벌어들일 것으로 보인다.

민관 협력 프로젝트 장려

PPP(Public-Private Partnership)법은 중동 및 아프리카 지역에서 오랫동

안 논의되어왔던 주제로 수·전력 산업을 제외하고는 성공적인 PPP 프로젝트의 예시가 없었다. 게다가 막강한 오일머니 덕택에 금융 지원의 필요성이 낮았다는 것 또한 PPP법 부재의 원인이었다.

하지만 저유가가 장기화되면서 민관 협력 프로젝트에 대한 관심이 증가했으며, 이러한 관심을 반영하듯 두바이 정부는 2015년 9월 PPP법을 발표하여 민관 협력 프로젝트를 장려하고 있다.

수출·수주 환경의
변화와 대응

저유가의 장기화로 인한 내수 시장 수요 및 재수출 수요 감소, 정부 재원 발주 프로젝트 급감 등 우리 기업의 수출 및 수주 환경에 적신호가 들어왔다. 경기 위축으로 인해 수요가 감소한 것도 우리 기업 수출에 영향을 미치지만, 중국 제품의 가격 경쟁력 및 품질 개선 또한 우리 기업의 수출 경쟁력에 부정적인 영향을 미치고 있다. 특히 중국은 GCC 국가와 2016년 연내에 FTA 협상 타결을 추진하고 있어, FTA 협상 타결로 인한 우리 제품의 피해가 우려되므로 수출 경쟁력 제고가 시급한 상황이다.

UAE 프로젝트 시장에서 정부 재원을 기반으로 하는 석유·가스 프로젝트는 급감했지만, 부동산 개발 및 두바이엑스포 2020 준비를 위한 인프라 구축 프로젝트의 발주는 끊이지 않고 있다. 두바이는 2016년 상반기 160억 달러 규모의 프로젝트를 발주했으며, UAE 전체로는 226억 달러의 프로젝트를 발주하기도 했다.

상대적으로 석유 의존도가 낮은 두바이로서는 민관 협력 프로젝트에 대한 관심이 이어질 것으로 보이므로, 우리 기업은 금융 조달을 통한 투자 개발형 사업에 적극적으로 나설 필요가 있다.

국제 유가 하락 및 경기 침체 등의 요인으로 UAE 내수 시장 및 재수출 시장의 수요 자체가 감소하긴 하였으나 UAE는 중동·아프리카 교역의 중심지로 향후 재수출은 물론 수요가 커질 가능성이 높은 시장이다. 유가는 느리지만 회복세를 보이고 있으며 2016년도 4분기에는 55달러 선까지 회복될 것으로 전망되므로 2017년에는 유가 회복을 통한 연기된 프로젝트의 재개, 내수 경기 회복을 통한 수요 증대를 기대해본다.

한국 넘어선 중국 O2O 시장, 앞으로의 판도는?

김성애_ 베이징 무역관

중국 O2O 시장 성장세

　　중국의 O2O*시장은 최근 무서운 기세로 성장하고 있다. 상품·서비스의 수요자와 공급자를 온라인(인터넷·스마트폰 등)에서 연결하고 오프라인(매장)으로 고객을 유치하는 O2O 서비스는 온라인과 오프라인의 한계와 문제점을 불식시키고 있다. 독일 컨설팅사 롤랑 베르거(Roland Berger)에 따르면 중국의 O2O 시장 규모는 2012년 이미 1,000억 위안에 육박했

---

*O2O(Online to Offline 또는 Offline to Online) : 온라인과 오프라인을 연결한 마케팅으로 온라인으로 상품이나 서비스를 주문하면 오프라인으로 제공하는 서비스.

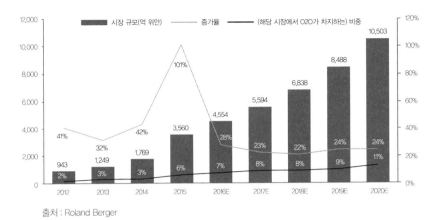

중국 O2O 시장 규모 증가율 및 시장 침투율

고 30~40%대의 성장세를 이어왔다. 2015년에는 전년 대비 101% 성장하여 3,560억 위안 수준에 도달했다. 향후에도 중국 O2O 시장은 안정적인 성장세를 이어가 2020년 1조 위안을 돌파할 것으로 전망된다.

O2O 시장 현황과
진출 기업들

중국의 경기 침체가 장기화 추세로 접어들면서, 중국의 다양한 업종이 잇따라 O2O 시장 진출에 나섰다. 이들은 O2O를 기존 오프라인 사업에 온라인 수단을 연결해 시너지를 발생시키는 일종의 기폭제로 활용하고 있다.

중국의 대표적인 O2O 서비스로는 음식 배달 서비스를 제공하는 '어러머 (餓了麼)', 콜택시 서비스를 제공하는 '디디추싱(滴滴出行)', 방문 세차 서비스를 제공하는 '과과시처(呱呱洗車)', 방문 요리사 서비스를 제공하는 '하오추스(好廚師)' 등이 있는데 이는 이미 중국인의 의식주행 생활 곳곳으로 침투했다. 2009년에 출시된 '어러머'는 앱을 통한 음식 주문이 아니라 음식 배달을 하는 시장으로 몸집을 키워왔다.

2016년 8월에 '중국판 우버'로 불리던 디디추싱이 우버차이나를 인수·합병하며 중국 차량 호출앱 시장이 세계의 이목을 끌었다. 중국 차량 호출앱 시장을 양분해왔던 디디다처(滴滴打車)와 콰이디다처(快的打車)가 2015년 2월 합병해 몸집을 키운 디디추싱은 현재 300개 도시에서 일 평균 1,400만 건 이상의 운행 서비스를 제공하고 있다. 롤랑 베르거는 중국 차량 공유 서비스 시장이 향후 5년 연평균 129.3% 증가하여 2020년 5천 억 위안 규모에 이를 것으로 전망했는데 디디추싱이 그중 90% 이상을 장악하게 된 것이다.

'과과시처' 앱은 스마트폰상 정보를 입력하면 세차 장비를 가지고 직접 찾아와 세차해주는 서비스를 제공한다. 첫 번째 세차는 무료, 두 번째부터는 19위안이라는 저렴한 가격으로 관련 업계와 경쟁을 벌이고 있다.

'하오추스'와 같은 방문 요리사 O2O 서비스는 전문 요리사가 만들어주는 음식이지만, 외식보다 가격이 훨씬 저렴해(가장 낮은 가격은 79위안) 현지에서 인기를 끌고 있다.

그 밖에 기존 전자 상거래, 택시, 음식 배달에 집중되었던 O2O 서비스가 최근에는 의료업, 미용업 등의 영역으로까지 확산하고 있다. 또한 O2O 의료 서비스는 온라인 접수 및 진료, 출장 치료 등으로 나뉘어 다양화, 세분화되는 추세이다.

중국 정부의
O2O 지원 정책

중국 O2O 시장의 급성장한 데에는 당국의 지원 정책이 기폭제 역할을 톡톡히 했다. 특히 2015년 3월 양회(兩會 : 전국인민대표대회와 전국인민정치협상회의)에서 리커창 총리에 의해 제기된 '인터넷 플러스(互聯網+)' 전략이 국가 전략으로 자리 잡으면서 O2O 시장은 중국 정부가 대대적으로 추진하는 신산업으로 자리매김했다.

인터넷 플러스 전략이란 모바일 인터넷과 클라우드 컴퓨팅, 빅 데이터, 사물 인터넷을 전통 산업과 융합시켜 산업 구조 전환과 업그레이드를 도모하는 전략이다. 인터넷 경제 발전과 더불어 중국에서 인터넷과 결합하여 인터넷 금융, 온라인 교육, 스마트 설비 등 다양한 신종 업태가 잇따라 출현했는데 그중 가장 대표적인 것이 바로 O2O 서비스이다.

중국 정부가 경제 활성화, 취업 문제 해결을 위해 심도 있게 추진 중인 '대중창업, 만중혁신(大衆創業, 萬衆創新)'도 중국 O2O 시장에 활력을 불어넣고 있다.

최근 중국에서는 기존의 법인 설립 프로세스를 인터넷으로 그대로 옮겨 알기 쉽게 세분화하는 시도가 이뤄지고 있다. 법인을 설립하려는 사람은 PC, 스마트폰, 그리고 SNS를 통해서도 법인 설립을 진행할 수 있다. 온라인을 통해 필요 서류들을 업로드하면 고객 센터에서 10분 내로 연락을 주며, 서류에 문제가 없을 경우 60분 이내에 정부 혹은 창업 기관의 행정 담당자가 서비스를 제공한다.

창업 기관, 은행, 세무 등 대행 업체는 '치예취날(企業去哪)'과 같은 O2O 서비스 업체의 시스템을 통해 스타트업과 창업자들을 지원한다. 스타트업에게 간편한 법인 설립 서비스를 제공할 뿐만 아니라, 스타트업의 입주를 담당하는 정부 및 기관 담당자에게 수많은 스타트업을 대상으로 입주 혹은 임대 기회를 연결시켜주는 역할도 담당한다.

O2O 시장의
판도와 전망

이처럼 급성장하는 O2O 시장에도 지난해 하반기부터 변화가 나타나고 있다. 대기업 간 M&A를 통한 업계 재편이 대대적으로 이뤄지는 것이다. 중국 최대 전자 상거래 기업인 알리바바, 중국의 대표적인 인터넷 포털 텐센트, 중국 최대 검색 사이트 바이두 등 3대 거두는 막강한 자본력을 바탕으로 차량 공유앱, 배달 서비스앱 등 무한한 경계의 확장을 진행하고 있다. 이들은 지도 서비스나 쿠폰, 맛집 정보 사이트 등 O2O로 연계 가능한 기업들을 적극적으로 인수·합병하면서 O2O의 성장을 주도해 가고 있다. 이뿐만 아니라 은행, 중고 시장, 부동산 임대 등 다양한 서비스에 투자하고 있으며 M&A를 통해 O2O의 사업 영역을 점점 확대해갈 것으로 전망된다.

글로벌 유통 대기업들,
왜 베트남을 주목하나?

신선영_ 하노이 무역관

블루오션,
베트남 소매 시장

베트남 소매 유통 시장이 해외 유통 대기업들의 각축장으로 급부상하고 있다. 떠오르는 '블루오션'인 베트남 시장을 차지하기 위해, 그야말로 치열한 경쟁을 벌이고 있는 것이다. 이는 대도시 주요 상권에 들어서는 외국계 대형 마트와 편의점 체인을 통해서도 쉽게 가늠할 수 있다. 특히 2016년 상반기에는 대형 슈퍼마켓 체인 Big C의 베트남 사업권 인수 경쟁이 세간의 이목을 집중시킨 바 있다.

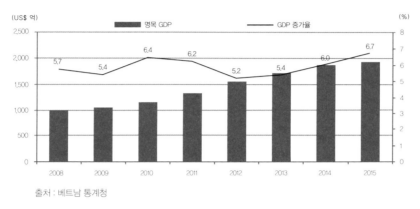

(US$ 억)   ■ 명목 GDP   ─ GDP 증가율   (%)

베트남의 경제 성장 추이

출처 : 베트남 통계청

태국 유통 대기업의
진출 전쟁

　　　　　　Big C 베트남 사업권을 놓고 벌어진 입찰 전쟁은 태국 센
트럴 그룹의 최종 승리로 마무리되었다. 10억 유로(한화 약 1조 2,500억 원)라
는 비싼 값을 치렀지만, 베트남 전국에 총 34개 점포를 보유한 Big C를 인
수함으로써 태국 센트럴 그룹은 베트남 소매 유통 시장 진출에 상당히 유리
한 고지를 점하게 되었다.

　또한 2016년 1월에는 독일 기업 메트로 캐시 앤 캐리(Metro Cash&Carry)
의 베트남 유통 사업권(Metro Vietnam 19개 점포)이 또 다른 태국 기업인 베
를리 주커(Berli Jucker)에게 넘어간 바 있다. 베트남 내 대형 유통 마트 사

업권 두 곳 모두 태국 기업에게 넘어가면서, 태국 기업들의 베트남 소매 유통 시장의 잠식을 우려하는 현지 업계의 목소리도 높아지고 있다.

태국은 정치적 불안과 경기 침체로 인해 경제 심리가 상당히 위축된 상태이며, 대형 유통 업체 간 경쟁도 포화 상태에 이르렀다. 이에 신규 수익을 창출하려는 태국 유통 기업들이 해외 시장으로 눈을 돌리면서, 지리상 가깝고 소비 잠재력이 높은 베트남 시장이 새로운 대안으로 떠오른 것이다.

일본 유통 대기업의 시장 진출

2011년 편의점 사업으로 베트남 시장에 첫발을 내디딘 일본계 유통 기업 AEON도 베트남 시장 진출에 박차를 가하고 있다. 2014년에는 남부 호치민 시와 북부 하노이 시를 대표하는 소매 유통 기업 두 곳의 지분을 각각 매입함으로써 대도시 현지 유통망을 단번에 확보하였으며, 호치민 시와 빈즈엉 성, 하노이 시에 대형 쇼핑몰인 AEON Mall을 잇따라 개점하면서 대형 쇼핑몰 업계를 선점해 나가고 있다.

그 밖에도 세계 최대 편의점 체인 7-Eleven이 2018년 상반기 베트남 1호점 오픈을 예고해 현지 편의점 업계를 긴장시키고 있다. 이러한 일본계 편의점과 대형 마트들은 베트남 내 일본 제품 홍보 및 판로 확대의 중요한 창구가 될 것으로 보인다.

한국
유통 공룡의 활약

　　　　　　　　　한국의 유통 분야 대기업들도 베트남 내 영토 확장에 속도를 내고 있다. 1998년 롯데리아로 베트남 진출의 첫발을 내디딘 롯데는 백화점, 마트, 극장, 호텔에 이르기까지 다양한 분야로 사업 영역을 확대해 나가고 있다. 특히 2014년 9월, 하노이 시에 초고층 랜드마크인 '롯데센터 하노이'를 오픈한 데 이어, 호치민 시 다이아몬드 플라자의 지분을 인수함으로써 베트남 양대 도시에서의 백화점 사업에도 도전 중이다. 한편 2016년 4월 호치민 시 고밥(Go Vap) 지역에 12번째 점포를 오픈한 롯데마트는 2020년까지 점포 수를 25개까지 늘릴 계획이다.

　　베트남 진출 후발 주자인 신세계도 2015년 12월 호치민 시에 이마트 베트남 1호점을 연 이래, 베트남에서의 매장 확대를 구상하고 있다. 한국계 마트들은 한국 식자재와 상품을 현지 소비자들에게 홍보·판매하는 것은 물론, 한국의 선진화된 서비스를 전파하면서 또 다른 한류를 일으키고 있다.

베트남
소매 유통 시장의 전망

　　　　　　　　　2015년 세계 경제가 전반적으로 부진한 성장을 보인 반면, 베트남은 최근 8년 중 최고치인 6.68%의 GDP 성장

롯데센터 하노이 전경

률을 기록하며 견고한 성장세를 과시했다. 2016년 들어 여러 대내외적 악재 속에서도 베트남의 중·장기적 성장 모멘텀에 대한 전망은 대체로 긍정적이다. 여기에는 최근 베트남 정부가 활발히 체결하고 있는 각종 FTA와 TPP(환태평양경제동반자협정), AEC(아세안경제공동체) 등이 베트남 경제에 미칠 영향에 대한 기대감이 반영되어 있다.

이러한 경제 성장에 힘입어, 베트남의 가계 소비 지출도 꾸준한 증가세를 나타내고 있다. 또한 소비 문화를 주도하고 있는 20~30대 청년층의 비중이 높고 도시화율(2015년 기준 33.6%)이 낮은 점이 앞으로의 시장 성장에 대한 기대감을 높이는 요인이 되고 있다.

그러나 베트남 소매 유통 시장은 아직도 전통적 유통망의 비율이 압도적으로 높다. 2015년 기준 베트남 내 현대적 유통망의 비율은 25%인데, 이마저도 하노이 시나 호치민 시와 같은 대도시에 편중돼 있어 베트남 소매 유통 시장은 앞으로 발전할 여지가 더 많이 남아 있는 상황이다.

해외 유통 기업들은 이를 베트남 소매 유통 시장이 가진 잠재력으로 평가하고 있는 듯하다. 실제로 2014년 재래시장을 이용한 베트남 소비자 수는 2012년 대비 17% 감소하는 등 현대적 유통망이 재래시장을 급속히 대체하고 있다. 따라서 급변하는 흐름 속에서 시장을 선점하기 위해 수많은 유통 기업이 앞다퉈 베트남에 진출하고 있다.

베트남 시장
진출을 위한 과제

막강한 자본력과 경영 노하우를 보유한 해외 유통 기업들의 베트남 진출 공세로, 베트남 소매 유통 시장 내 경쟁은 그 어느 때보다 치열하다. 여기에 현지 소비자들의 기호와 니즈를 잘 아는 로컬 유통 기업들이 가세하면서 경쟁은 한층 더 과열되고 있다.

베트남 소매 유통 시장 진출을 위한 필수 과제는 현지 소비자 및 시장 특성에 대한 충분한 이해와 사전 준비를 통한 맞춤형 전략 수립이라 할 수 있다. 또한 대도시를 비롯한 각 지역에서의 유통망 확보가 관건이므로 현지 유통 업체와의 협력을 통해 기존 유통망을 공유하는 것이 효율적이다.

제2장

CHANCE
위기를 알아야 기회가 보인다
변화의 틈새에서 발견하는 기회들

유럽 특허 많은 우리나라, 브렉시트 이후 어떻게 되나?

이경미_ 파리 무역관

세계 기업들의 브렉시트 여파

브렉시트로 인해 유럽 내 경제·정치가 쉽사리 안정을 찾지 못하고 있다. EU와의 자유무역 단절로 관세가 부과될 경우 영국에서 철수하겠다는 일본 자동차 기업 및 은행이 있는가 하면, EU의 연구 개발 예산 혜택을 계속 받게 해달라고 요구하는 대규모 제약 회사도 나오는 등 세계 각국의 기업들이 불안감을 호소하고 있다.

특히 2017년 상반기에 발효 예정인 '유럽특허단일화' 제도의 향방에도 여파를 미치고 있다. 유럽특허단일화는 지난 30여 년간 유럽 내에서 논의하고 준비해온, 많은 유럽 나라와 유럽 특허 수요국들이 기대하던 제도이다.

유럽특허단일화
제도의 향방

유럽특허단일화는 간단히 말해 유럽 특허청(European Patent Office, EPO)을 통해 유럽 특허를 등록하여 회원국(38개국)에 동일하게 그 권리가 적용되고, 나아가 통합된 특허 법원을 설립해서 특허 무효 및 침해 등의 법적인 구제·처리를 일괄적으로 통하게 하는 제도로 요약할 수 있다.

특히 이번에 합의하기로 한 유럽특허단일화의 결과로 생길 큰 변화는 '유럽 특허 법원' 설립이다. 오랜 논의 끝에 유럽 특허 법원의 본부는 프랑스 파리에, 의약품·화학 관련한 특허 법원은 영국 런던에, 공학 특허 관련 법원은 독일 뮌헨에 설립하기로 계획되어 있었다.

브렉시트 투표 직전까지만 해도 이 제도와 관련하여 회원국 중 독일과 영국의 비준만을 남겨두고 있었지만, 브렉시트 이후로 영국 측의 비준이 지체됨으로써 제도 실행에 난항을 겪게 되었다. 더구나 런던에 의약품·화학 관련한 특허 법원을 설치하기로 되어 있어서 문제가 복잡해졌다. 이 때문에 특허에서 큰 비중을 차지하는 의약품·제약 및 화학 분야의 전문 법원 설립을 앞두고 합의에 이르지 못하고 있다.

특허 출원과
시장 진출

그렇다면 유럽특허단일화 제도는 우리 기업과 어떤 관련이 있을까? 유럽 특허청 2015년 통계에 따르면, EPO에 특허 출원을 하는 대표적인 유럽 특허 수요국 38개국 중 28개국은 EU 회원국이고, 그 밖의 대표적인 국가는 미국·중국·일본·한국이다. 한국은 아시아 국가 중에서도 2위로 상위권에 집계되어, 유럽 시장에서 특허로 무장한 특수 기술로 시장 진출을 준비하고 있다.

한국에서 EPO를 통해 2015년 유럽 특허를 출원한 건수는 총 6,411건으로 전체 7위를 기록했다. 이는 미국·독일·일본·프랑스·네덜란드·스위스에 이은 수치이며, 바로 뒤를 잇는 8위 중국(5,721건)보다도 690건이나 많다.

유럽 특허 수요를 전 세계 기업별로 따져 봐도, 한국 기업의 특허 수요는 두드러진다. 유럽 특허 출원 기업 전체 2위에 삼성(2,366건), 3위에 LG(2,091건)가 자리하고 있다. 그 밖에 한국 출원자로는 LS산전(144), 현대(120), 포스코(66) 등의 대기업뿐만 아니라 한미약품(의약품), KMW(LED,RF), 고려대학교 등 중소기업 및 대학 연구소도 집계되었다. 특허 출원이 주로 광학, 반도체 등 신기술 및 IT 분야에서 많이 이루어지는 만큼 한국 출원자 및 출원 건수는 앞으로 더 늘어날 것으로 예상된다.

2015년 유럽 특허 출원 상위 10대 출원자(기업)

순위	출원자	건수
1	PHILIPS	2402
2	SAMSUNG	2366
3	LG	2091
4	HUAWEI	1953
5	SIEMENS	1894
6	UNITED TECHNOLOGIES	1869
7	QUALCOMM	1705
8	ROBERT BOSCH	1493
9	BASF	1384
10	GENERAL ELECTRIC	1316

출처 : 유럽 특허청(European Patent Office : EPO)

한국 기업의
유럽 특허 등록 전망

한국 출원자들의 유럽 특허 출원 상위 10대 기술 분야를 살펴보면, 가장 큰 비중을 차지하는 것은 디지털 통신과 컴퓨터 기술이다. 이어 전기 기기, 시청각(AV) 기술, 전기 통신, 반도체, 광학, 기타 소비재, 의료 공학, 가열 처리 및 기구 순이다.

2015년 유럽 특허 출원 상위 10대 산업 분야(한국 출원자)

기술 분야	2014	2015	증감율
디지털 통신	809	790	-2.3%
컴퓨터 기술	803	722	-10.1%
전기 기기, 에너지	793	670	-15.5%
시청각(AV) 기술	443	582	31.4%
전기 통신	320	512	60.0%
반도체	310	314	1.3%
광학	257	300	16.7%
기타 소비재	263	234	-11.0%
의료공학	223	215	-3.6%
가열 처리 및 기구	154	197	27.9%

출처 : 유럽 특허청(EPO)

　시장 진출 시 특허 등록이 필수적인 분야가 IT, 전자제품, 의약품, 제약 등의 전문 분야인 만큼 경쟁력과 기술을 갖춘 우리 기업 및 연구소에서 출원할 유럽 특허는 앞으로도 더욱 늘어날 것으로 전망된다.

　아울러 프랑스 내에서도 디지털 지상파 방송 시스템 전환, 백열 전구 금지, 공공 조명 시설 저전력화 등의 정책으로 TV 및 영상 압축 전송 기술, LED 조명, 에너지 효율성 제품 등의 수요가 늘어나고 있다. 정책 흐름에 따른 실사용 수요가 확보된 만큼 관련 우리 기업들의 특허 등록은 더욱 활발해질 것이며, 해당 제품 수출에 유리한 환경이 조성되고 있다.

향후 EU 특허권
관련 추이

프랑스 일간지 『레제코(Les Echos)』에 따르면, 유럽 대표 글로벌 기업인 푸조(Peugeot)나 사노피(Sanofi), 지멘스(Siemens) 역시 유럽특허단일화 제도의 발효가 무기한 연기되자 난처해하는 입장이다. 이 글로벌 기업들은 특허 전담반을 꾸려 이 제도를 준비해왔기 때문이다. 한편 특허 법원 설립이 무산되면서 EU와 영국 간의 특허 제도가 완전히 다른 방향으로 갈라설 경우, 향후 영국을 포함해 유럽에 단일 특허로 진출코자 했던 중소기업 및 연구소 등에서 크게 타격을 받을 수 있다.

나아가 고려해야 할 것은 유럽에 특허 출원한 중국 기업들이다. 2015년 출원 통계에서 우리나라에 이어 8위를 기록한 중국의 특허권 출원수는 2014~2015년에 22% 상승하여 눈에 띄게 올라가면서, 우리나라와 특허 출원 경쟁이 불가피할 것으로 보인다. 향후 유럽 진출 시 특허 출원 및 무효 소송 등 중국 출원 기업과 맞물리게 될 기회와 위험 요소 등을 미리 파악해서 대비할 필요가 있다.

특허는 대기업뿐만 아니라 헬스바이오, 정보통신, 전자 기기 등 우리 강소

기업들이 경쟁력을 보유한 분야에 수요가 많고 점차 시장이 커지고 있다. 그런 만큼 유럽 진출 시 영국 및 EU 특허권의 무효 및 구제 관련한 추이는 앞으로도 관심 있게 지켜봐야 할 것이다.

아르헨티나,
바뀌는 수입허가제도 속의 기회

윤지영_ 부에노스아이레스 무역관

아르헨티나의
경제

　　1971년에 노벨경제학상을 수상한 사이먼 쿠즈네츠(Simon Kuznets)가 "전 세계에는 4가지 국가가 있다. 선진국, 후진국, 일본, 그리고 아르헨티나다."라고 평한 바 있다. 이후 한국을 비롯한 아시아의 용들이 일본과 같은 경로를 걸어오고 있다면, 아르헨티나는 지난 수십 년간 선진국에서 후진국으로 추락한 유일한 사례로 기록되고 있다.

　　제2의 아메리칸 드림으로 꼽히던 부국이 100여 년에 걸쳐 서서히 몰락해 간 데에는 만성적인 정치 불안, 수입 대체화, 경제 발전 전략의 실패 등 다양한 이유가 존재한다. 그중에서도 아르헨티나의 국제 경쟁력 약화의 주범으로 지목되는 수입 규제 정책에 대해서 간단히 다루고자 한다.

전 정부의 수입 규제
정책과 폐해

2007년부터 2015년까지 8년간 집권한 크리스티나 페르난데스(Cristina Fernandez) 정권은 모든 수입 품목에 대해 강력한 수입 규제를 실시하고 외화 유출을 상시로 통제했다.

대표적인 예로 2012년 2월 1일부로 시행한 사전 수입 신고 제도(DJAI, Declaraciones Juradas Anticipadas de Importación)는 수입업자가 수입하는 모든 품목을 국세청에 신고하고 관련 기관의 승인을 받을 것을 의무화하였다. 이 제도는 수입 승인 여부를 확인하는 데 시간이 오래 걸리고, 승인을 받더라도 수입 유효 기간이 짧아 도중에 수입을 포기하는 경우가 다반사로 발생하는 등 수출·수입 업자 양측으로부터 악명이 높았다.

또한 정부는 수입을 하고자 하는 업자에게 동일한 금액의 수출 실적을 요구하는 수출 의무를 부과하고, 비록 수입 허가를 받았다 하더라도 일정 금액(2015년 12월 기준 50,000달러) 이상에 대해서는 중앙은행으로부터 송금 허가를 별도로 받을 것을 요구하여 필수 불가결한 제품을 제외하고는 사실상 수입을 봉쇄하는 정책을 폈다.

이런 수입 규제가 심해지면 심해질수록 정권은 한 손으로는 수입을 꽉 붙

잡고, 다른 한 손으로는 거대한 밀수 시장으로부터 쏟아져 들어오는 불법 정치 자금을 챙기기 바빴다.

신정부의 수입 규제
완화 정책 도입

2015년 12월에 취임한 아르헨티나 신임 대통령 마우리시오 마크리(Mauricio Macri)가 이끄는 신정부는 대선에서 공약한 대로 기존의 사전 수입 신고 제도를 폐지하고 이를 대체하여 수입 통합 모니터링 시스템(SIMI, Sistema Integral de Monitoreo de Importaciones)을 도입했다.

수입 통합 모니터링 시스템은 수입 규제 의도를 노골적으로 드러낸 DJAI와 달리 수입 절차를 간소화하고 실제로 수입이 가능하도록 하는 제도이다. 그러나 기본적으로 절차 진행에서는 전 제도(DJAI)에서 요구한 것과 매우 유사하다.

아르헨티나는 예로부터 자국 산업 보호를 위한 다양한 정책을 유지하고 있다. 수입 통합 모니터링 시스템 역시 충실히 그 패턴을 따라 자국에서 생산되는 제품들을 비자동 승인 품목으로 분류하고 있다.

수입 통합 모니터링 시스템에서도 12,000개에 달하는 자동 수입 승인 품목과 1,400여 개의 비자동 승인 품목으로 구분되어 있다. 자동 수입 승인

1	아르헨티나 국세청(AFIP) 사이트에서 MALVINAS 컴퓨터 시스템(SIM) 로그인
2	SIMI 수입허가 신청서 작성 신청서에는 사업자등록증, 상호, 관세사 사업자등록증, 외국환, 제품사양서, 단가, FOB총액, HS코드번호, 거래단위, 물량, 원산지, 경유지, 제품상태, 인코텀즈, 선적 및 도착 예정일 기재
3	비자동승인품목 경우 10일 내에 아르헨티나 국세청(AFIP) 사이트에 들어가서 첨부파일 II부터 XVII 참고하여 해당되는 HS CODE 기재 10일 내에 기재하지 않을 경우 수입 허가 신청이 자동적으로 취소 검토 담당자는 언제든지 수입 품목에 대한 추가적인 서류 요청 가능 FOB총액 과부족 5%, 수량 과부족 4% 허용
4	SIMI에서 수입 승인 여부 확인 가능 1. 공식화 중 2. 승인 3. 검토 완료 4. 취소 5. 무효

출처 : 아르헨티나 국세청(AFIP), 2016년 8월 기준

품목은 최장 72시간 내에 수입의 가부를 결정해주고, 특별한 경우에도 10일을 넘기지 못하게 규정했다. 비자동 승인 품목은 수입 허가 여부를 결정하는 데 60일까지 소요될 수 있다. 각 품목에 적용되는 수입 규제에 대한 자세한 내용은 아르헨티나 국세청 사이트(www.afip.gov.ar)에서 조회할 수 있다.

아르헨티나 시장의
진출 전략

아르헨티나의 국내총생산(GDP)이나 구매력(PPP)은 중남미에서 최상위권에 속한다. 그러나 오랫동안 자국 산업 보호와 과도한 노동자 위주의 정책은 국제 경쟁력이 전무한 제조업과 지극히 낮은 노동 생산성을 남겼다. 이는 다시 싸고 품질 좋은 수입품의 범람을 막기 위한 자국 산업 보호 정책으로 연결되는 악순환을 낳았다. 현재 아무리 친시장적인 정부가 들어섰다고 하나 당분간 이러한 기조가 바뀔 가능성은 매우 낮다.

한국 상품이 아르헨티나 시장에서 성공하려면 이러한 조건하에서 상대적으로 쉽게 진출할 수 있는 전략을 짜야 한다. 자동 승인 품목을 공략하는 것이 바람직한데, 이미 식품과 같이 자동 승인 품목 중에서 수입량이 증가한 제품도 있다.

문제는 한국의 주요 수출 상품이 대부분 아르헨티나에서는 비자동 승인 품목이라는 점이다. 만약 비자동 승인 품목을 수출할 경우 아르헨티나 국내 기업과 기술 격차가 별로 없거나, 중국 제품과의 차별화가 어렵다. 이런 문제를 감안하고 겨우 수입 장벽을 뚫고 시장에 진입했다고 하더라도 성공 가능성은 낮다. 결국 고부가가치와 첨단 기술을 접목한, 우리가 경쟁력을 가진 IT와 화학 제품을 중심으로 사업 포트폴리오를 다시 짜야 한다.

시장의 성장 가능성과
진출 시기

전 정부의 정치, 경제 전반에 걸친 실정으로 인해 아르헨티나는 탈세와 뒷거래가 많은 나라로 인식되고 있다. 이에 따라 현 정부는 투명성을 국정 운영에서 가장 중요한 가치로 내세우며, 그동안 정부의 묵인하에 대규모로 이루어지고 있던 밀수 척결을 투명한 정부 정책의 시금석으로 보고 강력히 추진 중이다.

아르헨티나의 구매력은 이미 검증되었다. 철옹성 같던 수입 장벽도 조금씩 내려가고 있다. 기회는 장벽이 다 무너지고 모든 사람이 성안을 볼 수 있을 땐 이미 지나가고 없다. 벽이 무너질 것이란 걸 먼저 알아챈 사람만 획득할 수 있다. 바야흐로 아르헨티나에 진출할 시기가 왔다.

Interview

아르헨티나 신정부는
기업에 아주 협조적이다

인터뷰 대상
루벤 O. 가르시아(Ruben O Garcia)
아르헨티나 무역협회 국장
Manuli Packaging Argentina 과장
Bunge and Born SA 과장

Q 아르헨티나로 수출하려는 사람에게 조언을 한다면?

A 일단 아르헨티나에 진출하려면 인내심이 필요하다. 마크리 정부가 취임하면서 많은 것이 바뀌기 시작했고 외화 시장과 통관 등이 정상화되어가는 시점이다. 아르헨티나는 현재 경제적 과도기에 있기 때문에 단기간에 대담한 변화를 바라면 안 된다. 예전보다 수입이 많이 수월해졌고, 새로운 수입 제도가 도입되면서 수입 품목 중 80%는 48~72시간 안에 승인이 난다. 비자동 승인 품목도 평균적으로 30일 안에 결과를 확인할 수 있다.

무엇보다 중요한 것은 아르헨티나에 더 이상 외환 통제 규제가 없다는 점이다. 전에는 수입 승인을 받고 수입업자 은행이 중앙은행(BCRA)의 승인을 받아야 해외 대금 송금이 가능하였으나, 신정부가 들어선 이후에는 수입 승인 없이도 대금 결제가 가능하다.

Q 비자동 승인 품목을 수입할 경우는 어떤 것에 주의해야 하나?

A 대외무역차관부와 친밀한 관계를 유지하는 것이 중요하다. 전 정부가 폐쇄적이었다면 현 정부는 기업과의 협조를 원하는 등 개방적이기 때문에 의문 사항이 있으면 직접 물어봐도 좋다. 이어서 중요한 것은 현지 상황을 알고 현지법을 따르는 것이다. 수입업자가 세금을 미납하는 등 불미스러운 일이 없어야 한다. 되도록 신뢰성이 있는 수입업자와 거래하는 것이 좋다. 신뢰성 있는 기업은 장기간 안정적인 기록을 남긴 기업을 의미하고, 이러한 기업과 거래할 경우 문제가 생겨도 해결 방안을 찾기가 수월하다.

Q 현재 도입된 수입 시스템에 대해 어떻게 생각하나?

A 처음부터 수입 규제를 완전히 철폐할 수 없다. 그래서 정부가 수입 품목을 자동 승인 품목과 비자동 승인 품목으로 분류한 것이다. 국내 업체들도 적응 기간이 필요하고, 아직까지는 정부로부터 보호가 필요하다. 전 정부의 사업 수입 신고 제도는 모든 품목을 비자동 승인 품목으로 분류했다. 그만큼 수입이 어려웠다. 하지만 현 정부는 국내 생산을 보호하기 위해 20% 미만을 비자동 승인 품목으로 분류했고, 이 규제도 서서히 없어질 것이다. 추후 아르헨티나는 세계 무역 시장에서 더욱 적극적인 자세가 될 것이다.

중남미 시장 진출,
파라과이 마킬라 제도를 활용하라

김대현_ 아순시온 무역관

파라과이
투자 진출 현황

중남미의 매력적인 시장이라면 브라질, 아르헨티나 정도가 떠오른다. 다른 중남미 나라에 비해서 파라과이는 매우 생소한 시장이다. 인구도 675만 명으로 적고, 국토 면적도 작으며, 지리적으로도 내륙 국가라 주목받을 만한 시장은 아니'었'다.

그러나 지난 몇 년간 파라과이에 외국 기업들의 투자 진출이 급격히 늘었다. 파라과이는 중남미의 브라질, 아르헨티나 등 큰 시장들이 부침을 겪은 지난 5년간 평균 5%대로 안정적인 경제 성장률을 기록했다. 주변국 시장의 불안감 등으로 생산 기지를 파라과이로 이전하거나, 파라과이 부동산 투자

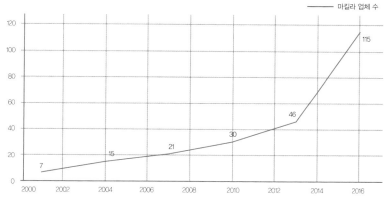

마킬라 성장 동향

등으로 자본금이 이동하는 현상이 나타나기도 했다. 이 같은 외국 기업들의 활발한 파라과이 진출은 마킬라 제도의 활용 덕분이었다.

파라과이
마킬라 제도의 특징

마킬라 제도란 1965년에 멕시코 국경에서 조립 생산한 제품을 미국에 수출하는 기업에 한해 원자재 수입에 대한 무관세 혜택을 부여했던 제도이다. 이를 시작으로 현재는 파라과이를 비롯한 중

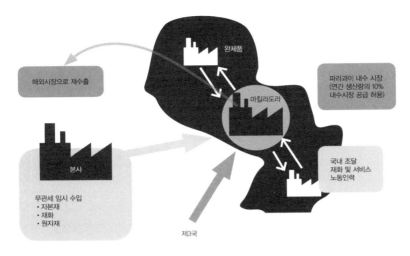

해외시장으로 재수출

완제품

파라과이 내수 시장
(연간 생산량의 10%
내수시장 공급 허용)

마킬라도라

본사

국내 조달
재화 및 서비스
노동인력

무관세 임시 수입
· 자본재
· 재화
· 원자재

제3국

마킬라 제도

남미 국가들이 각각 차별화된 마킬라 제도를 운영하고 있다.

마킬라 제도는 기업들이 해당 국가에서 재화 및 서비스를 생산해 수출하도록 지원하는 제도이다. 일반적으로 해외에 위치한 본사의 수요에 따라 생산량을 결정해서, 자본재·원자재 및 부품 등에 대해 무관세 임시 수입을 허용한다. 또한 생산된 제품은 세계 어느 국가로든 수출이 가능하고, 연간 총 생산량의 최대 10%까지 해당 국가의 국내에서 판매를 허용한다.

파라과이 마킬라 제도의 몇 가지 특징 중 하나는, 최대 자본금은 물론이거니와 최소 자본금에 대한 법적인 제한 조건이 없다는 것이다. 투자에 대해

100% 외국 자본이거나, 자국 자본 또는 혼합이어야 한다는 제한 또한 없다. 중남미의 다른 나라들이 지정된 제한 구역에서만 마킬라 사업을 허용하는 것과 달리 파라과이에는 원하는 장소를 선택해 마킬라를 운영할 수 있다.

또한 생산에 필요한 수입 관세 면제 외에도 여러 가지 세제 혜택을 제공한다. 그중 가장 대표적인 것은 '1% 마킬라 유일 조세'로 파라과이 영토 내에서 발생한 총 매출액의 단 1%만 세금으로 납부하도록 하는 제도이다. 그 밖에도 과실 송금 시 면세 등 각종 세제 혜택이 주어진다.

수출 시 관세 혜택도 큰 이점이다. 파라과이는 남미공동시장(MERCOS-UR) 회원국으로서 브라질, 아르헨티나, 우루과이 시장 수출 시 원산지 비율에 부합하면 100% 관세 면제를 받을 수 있다. 또한 개발도상국으로서 중남미통합기구(ALADI) 및 유럽 시장 수출 시 관세 특혜를 받을 수 있다.

기진출 기업들의
만족도

2000년에 마킬라 제도가 도입된 이후 2013년까지 파라과이 마킬라 업체는 46개에 불과했는데, 현 정부가 들어선 이후 3년 반 동안 115개로 급격히 늘어났다. 주목할 만한 점은 이들 중 대부분이 브라질 업체들인데 마킬라를 통해 모국 시장으로 재수출하기 위해 진출했다는 점이다.

특히 노동 집약적인 산업일수록 파라과이를 선택하는 경우가 많았다. 파라과이에 마킬라로 진출한 기업은 열악한 교통 인프라나 중간 관리자급 인력 수급 문제, 그리고 해외 시장에서 파라과이의 낮은 국가 브랜드 인지도 등의 단점을 지적한다. 하지만 대체로 이러한 문제를 개선하기 위한 파라과이 정부의 노력을 인정하며, 외국 기업에 매우 우호적이고, 기업 친화적인 국가 성향에 대해 만족하고 있다.

기업들은 파라과이를 선택한 이유로 각종 세제 혜택, MERCOSUR 회원국으로서의 이점, 저렴한 전력 등을 꼽았다. 무엇보다도 중요한 요인으로는 파라과이의 노동자 부문의 경쟁력이라고 입을 모았다.

파라과이 마킬라기업협회(CEMAP)의 자료에 따르면, 인건비 부문에서 파라과이가 브라질보다 30% 저렴하고, 아르헨티나보다 67% 저렴한 것으로 조사됐다. 파라과이 산업통상부에 따르면, 기업이 부담해야 하는 노동자의 사회 보장 부담이 브라질은 75%에 달하나, 파라과이는 35%에 불과하다.

또한 파라과이에는 노조가 거의 존재하지 않을뿐더러 현지 노동자들은 브라질, 아르헨티나 등 이웃 국가에 비해 갈등이 생겼을 때 대화로 해소하는 경우가 대부분이라고 평가했다. 노동법 또한 비교적 단순 명료하여 노동 변호사 해석에 따른 법정 시비 리스크가 없는 편이며, 기본 요구 조건만 잘 준수하면 노동자와 별다른 문제가 발생할 일이 없다는 것이 기업인들의 공통된 의견이다.

게다가 파라과이 노동자들은 생산성도 비교적 우수하다는 평가를 받는다. 브라질 산업안전신발 제조업체 MARSEG은 자체적으로 브라질과 파라

■ 의류 및 신발 (30.8%)
■ 자동차 부품 (25.5%)
■ 피혁 (17.7%)
■ 플라스틱 (7.3%)
■ 주사기 (4.3%)
■ 섬유 (4.1%)
■ 장난감 및 스포츠 용품 (1.9%)
■ 약품 (1.2%)
■ 기타 (5.6%)

출처 : 마킬라 산업수출위원회 (CNIME)

파라과이 마킬라 진출 분야

과이 노동자들의 생산성 평가를 실시한 적이 있는데, 브라질 노동자가 75%
인 데 반해 파라과이 노동자는 95%로 나왔다. 평가에서는 중남미인 특유의
끈기 없고 느슨한 성향은 비슷하지만, 파라과이 노동자는 비교적 잘 이끌
수 있는 성향으로 분석됐다.

파라과이
진출 전망

다만 파라과이의 내수 시장이 적다. 이 점에 대해 파라과이
정부도 분명하게 인지하고 있다. 이런 한계를 극복하기 위해서 파라과이는
남미 대국들의 틈새 속에서 살아남기 위해, 투자자와 기업인에게 최적의 환

경을 제공하는 친화적인 정책을 펼치기로 했고, 그 결과 투자 유치를 꾸준히 늘려가고 있다.

현재 기 진출 기업들은 파라과이의 가장 큰 강점으로 노동자들의 생산성을 꼽는다. 또한 브라질이나 아르헨티나 등 중남미에서는 일반적인 노사 갈등 문제가 파라과이에서는 드물다. 이 때문에 노동 집약적 산업으로 남미 진출을 검토하는 기업들은 요즘 파라과이를 주목한다. 이제 파라과이는 남미 시장 진출의 전초 기지로 최우선적으로 고려해야 할 국가라 할 수 있다.

파라과이 진출,
노조 없고 인건비가 낮아 '매력적'이다

인터뷰 대상
카리나 다에(Carina Daher)
파라과이 마킬라기업협회장
Sancay SRL 대표

Q 중남미 다른 나라들도 마킬라 제도를 운영하고 있는데, 외국 기업들이 굳이 파라과이에 진출해야 하는 이유는?

A 마킬라 제도는 다 비슷한 듯 보이지만 나라마다 스타일이 다르다. 그중 파라과이는 외국 기업들이 매력을 느낄 만한 요소가 많다. 우선 노동조합 활동이 매우 약한 점이 큰 요소이다. 노조가 강하면 기업이 받는 부담이 클 수밖에 없다. 내가 대표로 있는 Sancay SRL의 브라질 경쟁사가 최근 공장 문을 닫았는데, 노조와의 문제가 최대 원인이었다.

비용 측면에서 저렴한 인건비, 브라질의 3분 1 수준의 전력 가격, 10-10-10 으로 상징되는 낮은 세율 등이 파라과이 진출 시 주요 매력 포인트라고 할 수 있다.

Q 법적 안정성은 어떤가? 중남미 하면 외국인 투자에 대한 법적 보장이 취약하다는 이미지가 있는데, 이에 대해서는 어떤 상황인가?

A 중남미에 대해 그런 이미지가 있는 것은 안타깝지만 사실이다. 하지만 나라마다 달리 봐야 한다. 파라과이는 마킬라 기업들에게 법적 안정성을 제공하고 있다.

단적인 예를 들면, 현 정부 들어서 마킬라를 통해 파라과이에 진출한 기업이 배 이상 늘었다는 점을 주목해야 한다. 2013년에는 46개였던 마킬라 기업이 현재 115개까지 늘었고, 그중 대부분이 브라질 기업이라는 점은 주목할 만한 부분이다. 3년 반 동안 파라과이 마킬라 진출 기업이 폭발적으로 늘었다는 것은 그만큼 마킬라 제도를 통해 기업들이 좋은 결과를 얻고 있다는 반증이 아니겠는가?

파라과이 정부가 마킬라를 장려하기 위해 적극 지원하는 점은 매우 고무적이고, 협회에서도 마킬라 기업들의 권익 보장을 위해 감시자 역할을 하며 기업들의 목소리를 대변하고 있어, 마킬라 기업들이 법적 불안정을 느끼지는 않으리라고 생각한다.

나도 외국 투자 기업의 대표이기 때문에 이 점에 대해서는 매우 긍정적이라고 확실히 얘기할 수 있다.

Q 주로 어떤 기업들이 마킬라로 진출하는가?

A 3대 주요 분야는 자동차 부품, 의류, 플라스틱 제조 분야이다. 그 밖에 피혁, 식품 등이 있다. 주로 제조업이 많은데, 최근에는 서비스업도 마킬라 제

도를 활용해 현지에 진출하고 있다.

항공사인 아비앙카에 콜센터 서비스를 제공하는 업체가 파라과이에 마킬라로 진출했는데 직원이 305명이나 된다. 한 브라질-아르헨티나 자본의 신용카드 업체도 최근 마킬라 제도로 진출하는 것을 검토하고 있다.

Q 주요 타깃 시장은 어디인가?

A 대부분 브라질 시장을 타깃으로 삼고 마킬라를 운영한다. 파라과이가 MERCOSUR 회원국이라는 점도 마킬라로 브라질 시장에 재수출하는 데 매우 큰 이점으로 작용한다. 브라질 시장에 진출하는 기업들은 주로 브라질과 국경인 ALTO PARANA 지역에 공장을 설립하는 편이다.

보통 마킬라 제도를 위한 제한된 부지에서 사업을 해야 하는 다른 나라들과 달리, 파라과이는 그러한 제한 없이 사업자들이 원하는 지역의 부지에서 마킬라를 운영할 수 있다.

그 밖에 같은 MERCOSUR 회원국인 아르헨티나 시장이나 미국, 유럽, 아시아 시장에도 품목에 따라 다양하게 수출을 하고 있다.

Q 파라과이에서 마킬라를 운영하는 데 약점이나 아쉬운 점은 없는가?

A 아쉬운 점이라면 취약한 교통 인프라를 꼽을 수 있다. 도로나 철도 등의 교통 인프라가 너무나 부족해 수출 운송에서 아쉬운 점이 있다. 그러나 현정부가 인프라 문제 개선을 위해 많은 노력을 기울이고 있다는 것을 알고 있기 때문에 앞으로의 상황을 긍정적으로 전망한다.

Q 파라과이 마킬라 진출에 관심이 있는 한국 기업에 조언을 해준다면?

A 직접 와서 현장을 느껴보라고 얘기해주고 싶다. 정부 사람들과 직접 만나보고, 현지 마킬라 기업들과도 직접 만나 얘기해보라. 파라과이 정부는 마킬라 유치에 매우 적극적이기 때문에 적극적으로 대응할 것이고, 마킬라 기업들도 솔직하게 자신의 경험과 의견을 공유해줄 것이다.

직접 와서 보면 마킬라 진출에 대한 확신을 얻을 수 있을 것이라 생각한다. 지난 3년 반 동안 파라과이에 마킬라로 진출한 기업이 2배 이상 성장한 것은 기업들이 실제로 효과를 보고 있기 때문이다.

파라과이 마킬라의 한 가지 이점을 더 추가하자면, 외국인 투자자들이 현지에서 의무적인 공동 출자자 또는 주주를 두지 않아도 된다는 점도 참고하길 바란다.

Interview

노동 집약적인 산업
진출 시 긍정적이다

인터뷰 대상
김상연
THN PARAGUAY사 대표

Q 파라과이에 마킬라도 진출을 선택한 이유는?

A 우리 기업은 먼저 브라질 시장에 진출해 제품 생산 활동을 했으나 브라질에서 제조 활동을 하는 데 여러 어려움을 겪었다. 새로운 대안을 검토하다가 파라과이를 선택했다.

우리의 타깃 시장은 브라질이지만, 지역 내에서 가장 유리한 조건으로 생산할 수 있는 조건에 부합한 곳이 파라과이였다. 특히 우리 제품은 노동 집약적인 제품이기에 노동자의 생산성이 매우 중요한데, 파라과이는 브라질과 아르헨티나와 비교할 때 비용 및 생산성 측면에서 상당한 이점이 있었다.

Q 파라과이 노동자들의 생산성이 이웃 국가보다 낫다는 평가는 의외다.

A 물론 중남미인 특유의 끈기 없고 게으른 성향은 비슷하지만, 브라질 노

동자보다는 확실히 나은 것 같다. 아르헨티나는 더 힘든 것으로 알고 있다. 파라과이는 인건비도 브라질보다 저렴하고 노조 문제도 없다. 파라과이 노동법이 준수하는 기본 조건만 잘 준수해서 대우해주면, 이곳 노동자들은 특별히 불만을 표출하지 않는다. 현지인들은 외국 기업에게 기본 조건보다 높은 임금을 기대하는 심리가 있다. 하지만 최저 임금이나 노동 시간을 준수하지 않는 현지 기업이 많은 상황에서 우리는 이를 철저히 준수하기 때문에 문제가 발생한 적이 없다.

Q 파라과이 정부와의 관계는 어떤가?

A 사실 투자자 입장에서 해당 정부에 바라는 점은 투자 관련 정책 노선에 변동을 주지 않고, 기업 활동에 간섭하지 않기만 해도 긍정적이라 생각한다. 이런 점에서 지난 3년 반 동안 파라과이 정부와는 별 문제 없이 좋은 관계였다고 말할 수 있다.

Q 파라과이에서 마킬라로 활동을 하는 데 아쉬운 점은?

A 중간 관리자급 인력을 구하기 어렵다는 점이다. 기술적인 부분에서 특히 그렇다. 현지 대학 졸업자를 채용하더라도 기술 경험자가 없어 중간 관리자로 활용하기에는 한계가 있다. 그러다 보니 본사 파견직원을 늘려야 하고, 자연히 비용도 상승하게 된다.

그 밖에 송배전 인프라가 아직 취약한 것도 아쉬운 부분이다. 다만, 전력 가격은 브라질에 비해 30%에 불과해 큰 장점이다.

Q 파라과이에 진출을 고려 중인 한국 기업에게 하고 싶은 말은?

A 우선 기업의 상품이 중남미 시장에서 얼마만큼 시장성이 있는지를 가장 먼저 검토해야 할 것이다. 파라과이 마킬라 제도를 활용하려면 현지에서 기술적인 부분을 기대하는 것은 포기해야 한다. 노동 집약적인 산업일 경우 긍정적으로 고려해볼 만하다.

중국 산아제한 폐지,
키즈 산업 본격 진출 기회다

노현주 _ 항저우 무역관

중국의
산아제한 정책 폐지

1982년부터 중국은 넘치는 인구를 조절하기 위해 한족은 둘째 아이를 낳으면 벌금을 물어야 하는 엄격한 산아제한 정책을 펼쳐왔다. 그러나 이로 인해 중국의 노동 가능 인구가 감소하고 노령화가 급속히 진행되어 중국 경제 발전의 걸림돌이 되어왔다. 결국 중국 정부는 35년간 지속해온 산아제한 정책을 2015년에 전면적으로 폐지했다. 2015년 기준 중국의 0~14세 아동 인구는 2.3억 명으로 전체 인구의 16.6%를 차지하고 있다. 산아제한 정책의 폐지로 아동 인구는 더욱 증가하여 2019년에는 전체 인구의 17%를 차지할 전망이다.

中국 0~14세 아동 인구 규모 및 인구 증가율

현재 1980~1990년대에 태어난 중국의 젊은 부모들은 빠링호우, 쥬링호우 세대에 속한다. 이들은 무조건 저축을 하던 부모 세대와 달리 실용적인 소비를 하며 사치품에 대한 거부감도 적은 편이다. 이들은 인터넷을 비롯한 대중매체의 영향으로 수입 제품에 대한 관심이 매우 크며 관련 정보를 능동적으로 수집해 다양한 경로로 제품을 구매하는 경향이 있다.

특히 최근 멜라민 분유 파동 등 중국산 유아용품들의 안전 문제가 불거지면서 중국의 젊은 부모들은 수입산 제품으로 눈길을 돌리고 있다. 이들과 조부모, 외조부모의 향상된 소비력이 하나 또는 둘인 자녀에 집중된다면 앞으로 키즈 산업의 급격한 성장은 매우 당연한 것으로 보인다.

중국 키즈 산업의
성장 가능성

그렇다면 중국 키즈 산업의 실제 규모는 어느 정도일까? 2013년을 기준으로 중국 키즈 산업의 규모는 약 1조 4천억 위안이며 그중 유아용품이 56%, 교육 상품 및 서비스 분야가 15%, 의료·위생 서비스업이 14%, 유아 체육 및 오락 분야가 7%를 차지한다. 키즈 산업 시장 규모는 앞으로 매년 16%의 증가율을 보이며 2018년에는 키즈 산업 규모가 3조 위안을 넘어설 것으로 보인다.

키즈 산업에서 중국 소비자들은 해외 브랜드를 선호하며 가격보다 브랜드를 중요시하고 브랜드 충성도가 높은 경향이 있다. 실제 키즈 산업을 대표하는 품목인 분유를 살펴보면 중국 분유 시장에서 수입 제품의 비중은 70% 이상으로 추산된다.

관세청의 '최근 5년간 유아용품 수출입 동향'에 따르면 2015년 국내 유아용품 업계의 중국 수출 규모는 2억 3천만 달러로 최근 5년간 5.8배가 증가했다. 이는 한류와 더불어 「아빠 어디가(爸爸去哪儿)」, 「슈퍼맨이 돌아왔다(爸爸回来了)」 등 한국 육아예능의 인기에 기인한 것으로 보인다.

중국 키즈 산업은 기존 유아용품에 치중되던 구조에서 탈피해 키즈 카페, 포토 스튜디오, 직업 체험관 등 다양한 분야로 확대되고 있다. 특히 '직업 체험'이라는 독특한 분야가 눈에 띄는데, 이는 유아를 위한 사회 체험 테마

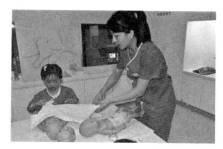

사회 체험 테마파크

파크이다. 어린이들은 이를 통해 직접 소방관, 은행원, 요리사 등 여러 직업을 체험할 수 있으며 테마파크 내부에서 실제로 유통되는 화폐도 있다. 이러한 사회 체험 테마파크는 현재 중국 부모들 사이에서 큰 인기를 얻고 있다.

또한 중국의 젊은 부모들은 인터넷 커뮤니티에서 각종 육아 관련 정보들을 공유하는데, 이곳의 온라인 후기를 매우 신뢰하는 경향이 있다.

중국 정부의
산업 규제와 대응 전략

　　　　　　　　　　　이처럼 키즈 산업의 성장 가능성과 규모를 의식하여 최근 중국 정부에서는 관련 산업의 거품을 제거하고, 시장을 정돈한다는 명목으로 산업 규제를 강화하고 있다. 이는 중국 시장에 진출하려는 우리 기업에게 비관세 장벽으로 적용될 수 있어 적절한 대응이 요구된다.

　관련 업계에 따르면 중국은 인증이나 환경 등 비관세 장벽을 점점 강화하는 추세이다. 최근 몇 년 새 중국 해관은 한국 업체의 위생 허가 행정 절차와 심사를 강화해왔다.

　2016년 4월 8일에는 '해외 직구 신통관 정책'을 통해 세제를 개편하여 해외 직구 상품에 대하여 종합세를 부과하고 B2C, B2B 전자 상거래 대상의 영·유아 조제분유, 의료 기계, 특수 식품 등에 대해 수입 허가증, 등록 등의 절차를 의무화하는 법안을 발표하였다. 이는 1년간의 유예 기간을 거쳐 내년부터 시행될 예정이다.

　중국 소비자들에게 허용된 해외 직구 품목은 총 1,293개(HS Code 8단위 기준)로 식품·의류·가전·일부 화장품·기저귀·조제분유·완구 등 일반 소비재가 포함되어 있으나, '비고'에 조건을 명시해 사실상 수입을 규제한 것이나 다름없다.

　특히 위생 허가에서 반려된 제품은 재심사를 받을 수 없고, 심사를 허가

받는 데도 시간이 오래 걸리는 등 조건이 까다롭다. 또한 중국 부모들은 중국 로컬 인증보다 유럽 인증을 선호하는 추세여서, 우리 기업이 앞으로 중국 키즈 산업에 진출하기 위해서는 해외 안전 인증, 친환경 인증 등의 자격을 취득하는 것이 유리하다.

필리핀 신정부,
건설 · IT 산업 일거리 몰고 온다

권오승_ 마닐라 무역관

필리핀 신정부의
정치적 변화

2016년 5월에 당선된 로드리고 두테르테 대통령이 우리에게 알려진 이미지는 한마디로 마초, 과격한 지도자이다. 두테르테 대통령은 취임과 동시에 마약과의 전쟁을 선포했는데, 취임 한 달 반 만에 사망한 마약 용의자가 1,700여 명이 넘는다. 또한 부패와의 전쟁을 선언하고 모든 대통령 임명직 관료들에게 1주일 내에 사직서를 낼 것을 지시하고 행정능력과 청렴도 등을 감안해 선별적으로 사표를 수리하기도 했다.

인권 단체나 국제기구에서 인권 문제에 대해 우려 섞인 목소리를 내긴 하지만 국민들에게는 지지율이 90%를 넘을 정도로 절대적인 신뢰를 받고 있

두테르테 대통령

다. 비즈니스 업계에서도 마약, 인프라 부족 등 필리핀이 오랜 기간 안고 있
던 문제에 대해 현 정부처럼 결단력 있고 과감하게 문제 해결 능력을 보여
준 적이 없었다며 아직은 긍정적인 평가를 내리고 있다.

기업 친화적인
경제 정책

　　　　　두테르테 대통령의 과감한 정치적 행보에 비해 현 정부의
경제 정책은 덜 알려진 편이다. 두테르테 대통령은 2016년 7월 25일 취임

후에 행한 첫 국정 연설에서 10대 경제 아젠다를 발표했다.

주 내용을 살펴보면 먼저 과거 6년간 연평균 6%가 넘는 성장률로 비교적 성공적인 경제 정책을 이끌어온 전임 아키노 정부의 거시 경제 정책을 상당 부문 계승하겠다고 밝혔다.

그리고 현재 아세안 국가 중 최고 수준에 달하는 법인세(30%) 및 소득세 (32%)를 인하하여 기업하기 좋은 환경을 조성하고, 대신 불투명한 면세 범위 재조정을 통해 조세 제도의 효용성을 높일 계획이다.

또한 경제 성장을 가로막는 열악한 인프라 개선을 위해 인프라에 대대적인 투자를 시행할 예정이다. 특히 마닐라는 고질적인 도로 부족으로 세계 최악의 교통 체증에 시달리고 있다. 이를 위해 GDP 대비 4.3% 수준인 인프라 관련 연간 예산을 6%까지 확대할 예정이다.

그리고 외국인 투자를 적극 유치하기 위해 행정 절차를 대폭 간소화할 계획이다. 2015년 월드뱅크 발표에 따르면 느리고 복잡한 행정 절차로 인해 필리핀의 기업 환경은 전체 189개국 중 103위에 머물러 있다. 두테르테 대통령은 온라인을 활용하여 절차를 대폭 신속 간소화함으로써 인허가 절차가 72시간을 넘지 않도록 개선하겠다는 포부이다.

또한 인적 자원 개발에 대한 투자를 확대하여 기업 수요에 맞는 지식과 기술이 겸비된 인력을 적시 공급하는 것을 목표로 하고, 사회 보장 제도 개선을 통해 빈곤층 등 사회 취약 계층에 대한 복지 혜택을 확대할 계획도 포함되었다.

한국 기업의
유망 진출 분야와 전망

그렇다면 필리핀 진출을 원하는 우리 기업들은 어느 분야에 관심을 기울여야 할까?

건설 분야

두테르테 정부가 인프라에 대한 대대적인 투자를 공언함에 따라 특히 건설 분야가 부상할 전망이다. 특히 인프라 개발에 배정된 예산을 두테르테 임기 말까지 GDP의 7%까지 증가시킬 예정이다.

내용을 살펴보면 2017년 공항, 교량, 도로, 항구 등의 건설에 약 190억 달러의 예산을 지출할 예정이며 이중 많은 부분이 PPP(Public-Private Partnership) 프로젝트를 통해 집행될 계획이다. 아키노 전 정부 시절에 46억 달러에 달하는 12개의 PPP 프로젝트가 성공적으로 수행되었고, 두테르테 정부하에서 9개 이상의 PPP 프로젝트가 대기 중에 있다.

특히 두테르테 대통령이 오랜 기간 시장으로 역임했던 다바오 시가 위치한 민다나오 섬에 대한 투자자들의 관심이 집중되고 있다. 2016년 상반기에 있었던 민다나오 지역에 대한 투자 문의 규모만도 188억 달러에 달하고 있다. 또한 최근 19억 달러 규모의 민다나오 철도 프로젝트가 두테르테 대통령 취임 이후 급물살을 타면서 우리나라 기업을 비롯한 많은 외국 기업이 관심을 표시하고 있다.

IT-BPO 분야

IT-BPO(Information Technology-Business Process Outsourcing) 분야도 큰 성장이 기대되는 분야이다. 이미 IT-BPO는 서비스 분야에 이어 필리핀 경제에서 두 번째로 많은 달러 수익을 가져다주는 분야가 되었다. 2015년에 120만 개의 일자리와 220억 달러의 수익을 달성했으며, 2016년에도 130만 개의 일자리와 250억 달러의 수익을 가져다줄 것으로 예상한다. 적용 범위도 계속 확대되어 지식 프로세스 아웃소싱, 의료 정보 관리, 게임 개발, 마케팅 등으로 분야가 넓어지고 있다.

통신 분야

통신 분야도 우리 기업이 주목할 필요가 있다. 필리핀의 평균 인터넷 속도는 3.64Mbps로 전 세계 202개 국가 중 176위를 차지하며 아시아 국가 내에서도 두 번째로 느릴 정도로 열악하다.

필리핀 통신 시장은 현재 PLDT와 Globe라는 두 기업이 양분하고 있는데, 두테르테 대통령이 인터넷 환경 개선을 강력하게 추진하면서 제3통신사 설립과 외국인 진출을 장려하고 있는 만큼 통신망 건설, 기술 용역, 케이블 등의 부품, 신규 라인 확충 등에서 우리 기업들에게 기회가 있을 것으로 기대된다.

신재생 에너지 분야

신재생 에너지 분야도 관심을 가질 만하다. 필리핀 정부는 태양열, 지열 발전, 바이오매스 발전 등 신재생 에너지 전력 생산 능력을 22,000MW 확대하여 현재 26% 수준인 신재생 에너지 비중을 2030년에는 35%까지 확대할 계획을 가지고 있다.

필리핀은 연중 햇볕이 뜨겁게 비치고 바람도 강한 편이라 태양열, 풍력 등 신재생 에너지를 활용하기에 좋은 여건을 가지고 있다. 두테르테 정부는 화석 연료를 활용한 발전소 건설을 억제하고, 특히 석탄 발전은 최종적으로 소멸시킬 예정이다. 반면 신재생 에너지 개발에 대한 투자를 유도하기 위해 2016년 4월에 법령을 발효시켜 신재생 에너지 관련 기업에 각종 특전과 특혜를 제공하고 있다.

이처럼 필리핀 신정부가 외국인 투자 확대 등 획기적인 경제 개혁을 예고한 만큼 대대적인 인프라 확충 사업에 우리 기업들의 발 빠른 시장 진출을 기대해본다.

Interview

한국 자동차, 관광, 금융…
필리핀에 많이 진출해달라

인터뷰 대상
코라존 H. 할릴리 디초아(Corazon H. Halili-Dichoa)
산업 개발 서비스 투자위원회 무역 및 산업 부문 전무

Q 두테르테 대통령은 마약, 범죄, 부패 등에 강경한 태도를 보이는 것으로
알려져 있으나 그의 경제 정책에 대해서는 아직 알려지지 않았다. 그의 경
제 정책은 어떠 것인가?

A 가장 눈에 띄는 것은 세제 개혁이다. 현재 세법 개정을 위한 여러 법안
이 국회에 올라가 있으며, 소득세와 법인세율을 낮추고 징수 절차를 간소화
하여 제도를 더 효율적으로 만드는 데 주력하고 있다. 외국인 투자유치를
위해 현재 40%로 제한되어 있는 외국인 지분 비율을 완화하는 방안을 검
토 중이다. 또한 전산 시스템을 구축해서 서류 처리 시간을 대폭 축소할 예
정이다. 무엇보다 필리핀 산업 경쟁력을 국제 수준으로 높이기 위해 중장기
산업 전략 로드맵을 수립하려고 한다.

Q 최근 발표된 통계에 따르면 2016년 상반기 필리핀 경제 성장률이 6.9% 라는 매우 높은 수치를 기록했다. 어떤 요인이 이에 기여했다고 보는가?

A 5월 대선을 앞두고 정부 지출을 확대한 것이 어느 정도 영향을 미쳤다. 이뿐만 아니라 제조업, 건설업 등이 뒷받침되어 산업 성장률이 1분기 7.9%, 2분기 6.9%를 기록했다. 또 빠른 운송, 통신, 부동산 등의 경기 호황에 힘입어 서비스업도 1분기 7.9%, 2분기 8.4% 성장률을 기록했다. 이 모든 것이 복합적으로 영향을 미쳤다고 본다.

Q 최근 한국 기업들은 아세안 국가 중에서 베트남, 미얀마 등에 대한 관심은 뜨거운데, 필리핀 시장에 대한 관심은 여기에 미치지 못한다. 한국 기업들에게 필리핀은 어떤 기회 요인이 있을까?

A 신재생 에너지, 식품 가공업, 조선업 등에서 필리핀이 개발 계획을 적극적으로 추진하고 있어 한국 기업들이 관심을 가져주었으면 한다. 도요타 등 일본 자동차 브랜드는 필리핀에 제조 공장을 가지고 있는데, 한국은 아직 생산 기지가 없으니 필리핀을 후보지로 검토해주길 바란다. 또한 필리핀 내 한국 관광객 수는 일본인보다 많은 최대 수준으로 관광업도 유망 분야라 할 수 있다. 한국 기업들이 편하게 금융 서비스를 받을 수 있도록 한국 금융 기관도 많이 진출해주면 좋겠다.

알파고의 고향 영국,
생활 속으로 파고드는 AI

배열리미_ 런던 무역관

영국의
AI 스타트업 현황

2016년 3월, 세계는 '이세돌 대 알파고', '인간 대 컴퓨터'의 대결을 목격했다. 알파고(AlphaGo)는 구글 딥마인드(Google DeepMind)사에서 개발한 인공지능(Artificial Intelligence, AI) 프로그램이다. 인공지능(AI)이란 인간의 지능적 행동을 모방할 수 있도록 하는 컴퓨터 공학·정보기술을 말한다.

알파고는 영국 런던에서 처음 만들어졌다. 2011년에 설립된 스타트업 '딥마인드'가 바로 그 개발사인데, 2014년에 구글은 이 회사가 지닌 가능성과 잠재력을 높이 평가해 약 4억 파운드(한화 약 6천억 원)를 들여 인수했다.

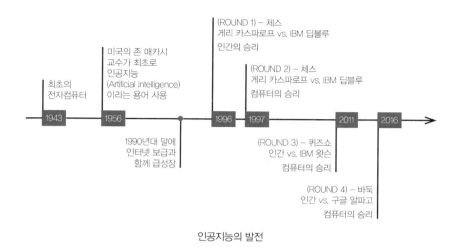

최초의
전자컴퓨터

1943

미국의 존 매카시
교수가 최초로
인공지능
(Artificial Intelligence)
이라는 용어 사용

1956

1990년대 말에
인터넷 보급과
함께 급성장

(ROUND 1) – 체스
게리 카스파로프 vs. IBM 딥블루
인간의 승리

1996

(ROUND 2) – 체스
게리 카스파로프 vs. IBM 딥블루
컴퓨터의 승리

1997

(ROUND 3) – 퀴즈쇼
인간 vs. IBM 왓슨
컴퓨터의 승리

2011

(ROUND 4) – 바둑
인간 vs. 구글 알파고
컴퓨터의 승리

2016

인공지능의 발전

AI 분야는 빅데이터와 이를 분석할 수 있는 인프라가 뒷받침되어야 하기 때문에 스타트업이 쉽지 않은 분야이다. 하지만 지난 3년간 다수의 영국 출신 스타트업이 애플, 구글, 마이크로소프트, 아마존, 트위터에 인수·합병되어 관련 서비스를 개발하고 있다. 영국의 AI 스타트업은 어떻게 이런 경쟁력을 갖추게 되었을까?

연구 개발을 위한
교육 인프라

영국에서는 2014년부터 컴퓨팅(Computing)을 5세 이상 학생의 교육 커리큘럼 과목으로 포함하여 초등학생도 컴퓨터 코딩 교육을 받을 수 있다. 어려서부터 컴퓨터 프로그래밍 교육을 받아온 학생들은 대학에서 본격적으로 연구·개발을 시작한다. 옥스퍼드대학, 캠브리지대학, 유니버시티칼리지런던(UCL) 등 영국 내 다수의 대학에는 이미 AI 관련 학과가 개설되어 있고, 심화 연구를 위한 센터가 설립된 곳도 있다. 연구와 개발을 위한 인프라가 충분히 갖추어져 있는 것이다.

산업혁명이 시작된 나라답게 영국은 기술 산업을 선도해가는 경향이 있다. 컴퓨터의 시초인 튜링 기계(Turing Machine)가 영국 출신 수학자 앨런 튜링(Alan Turing)에 의해 고안되었다는 점도 주목할 만하다. AI 강국인 영국은 과연 1차 산업혁명에 이어 4차 산업혁명*까지 주도할 수 있을까?

---

*4차 산업혁명(Fourth Industrial Revolution) : 생산 기술을 향상시키고 효율성을 극대화하기 위해 제조 산업에 IT를 접목시키는 독일의 첨단 기술 전략 프로젝트. 2011년 독일 하노버 박람회에서 처음으로 사용되었다. 산업 4.0(Industry 4.0)이라고도 한다.

창업 환경과
정부의 지원 제도

영국 산탠더(Santander)은행의 조사에 따르면 영국 학생 4명 중 한 명(24%)은 학업과 창업을 병행한다고 한다. 런던 기반의 스타트업에 종사하고 있는 직원 중 스타트업 경험을 갖고 있는 사람의 비중도 40%나 된다.

영국에서는 창업과 폐업이 어렵지 않다. 혁신적인 아이템과 아이디어만 있으면 학생도 선생님과 함께 사업을 시작할 수 있고, 은행에서 투자를 받을 수도 있다. 딥마인드의 창업자 중 한 명인 무스타파 슐레이만(Mustafa Suleyman)도 학창 시절에 창의적인 사업 아이디어로 '젊은 사업가(Young Enterprise)'상을 받았다.

여기에는 정부의 적극적인 지원도 한몫했다. 영국 정부에서는 7,600만 달러(한화 약 850억 원)를 투자해 2010년 테크 시티(Tech City)를 조성했는데, 이곳으로 노동과 자본이 모이면서 생산의 3요소(노동, 자본, 토지)를 충족한 최적의 사업 환경이 조성되었다.

이와 함께 2013년부터 영국 정부는 'Future Fifty'라는 이름으로 매해 영국의 50대 유망 테크 기업을 선정하여 지원해오고 있다. 마이크로소프트에서 인수한 스타트업 '스위프트키'도 이 목록에 이름을 올린 이력이 있다. 그 밖에 세금 감면 및 보조금 지원 혜택도 있다.

AI 활용 산업들과
미래 전망

현재 AI는 영국인의 생활 곳곳에서 사용되고 있다. 2016년 2월, 딥마인드는 인공지능을 의료 분야에 적용하기 위해 '딥마인드 헬스 (DeepMind Health)'를 신설해 영국의 국민보건서비스(NHS)와 업무 협약을 맺었다. AI를 활용해 진단 및 치료의 수준을 높이겠다는 목표이다. 그리고 2016년 7월 그 첫걸음으로 안과 분야에서 세계적인 명성을 지닌 NHS 무어필드(Moorfields) 안과병원과 파트너십을 맺어, 병원에서 보유하는 약 100만 건의 안구 진단 데이터를 분석·연구하기로 했다. 영국에는 안과 질환으로 인한 실명 환자가 많은데, 이러한 질환은 진단하는 데 시간이 오래 걸린다. AI를 활용해 기존의 데이터를 연구하여 진단을 좀 더 빨리 할 수 있는 방법을 찾겠다는 의도이다.

딥마인드 헬스는 '스트림(Streams)'이라는 앱도 개발 중이다. 이 앱은 환자의 혈액 검사 결과를 몇 초 만에 분석하고 판단해 의사에게 질환의 위험을 알려준다. 현재는 급성신부전(AKI) 진단 기능에 초점을 맞추어 개발을 진행하고 있다.

AI는 영국 금융 서비스 분야에도 진출 중이다. 은행 고객들은 앞으로 고객센터에 전화했을 때 몇 분이고 반복되는 지루한 클래식을 들을 필요가 없어질지도 모른다. 바로 '루보(Luvo)' 덕분이다. 루보는 스코틀랜드왕립은행

(RBS)에서 고객센터 상담 직원을 대상으로 도입하게 될 AI 프로그램이다. 상담원이 루보에게 "고객이 카드를 잃어버렸다. 재발급 과정을 알려 달라." 고 물어보면 즉각 카드 재발급 과정을 알려준다. 이를 통해 문의 처리 시간을 단축시키면서 고객들의 대기 시간을 줄일 수 있다. 루보의 놀라운 점 중 한 가지는 자신이 만든 실수를 통해 스스로 배워 답변의 정확도를 높여갈 수 있다는 점이다.

앞으로는 AI가 사람을 대신해서 운전도 해줄 것으로 보인다. 영국 스타트업 FiveAI는 2019년까지 AI 기반의 무인 자율 주행차를 만들겠다고 선포했다. 자율 주행차는 최근 국내외에서 한창 주목받고 있는 차세대 산업 중 하나이다. 테슬라나 구글 등 대형 글로벌 기업에서도 자율 주행차 제작에 뛰어들었는데, 그들이 제시하는 모델은 AI 기반의 완벽한 자율 주행 시스템이라고 보기는 어렵다.

반면 FiveAI에서 제시하는 모델은 차량에 탑재된 AI 기반의 중앙 컴퓨터가 다양한 센서를 통해 주행 시 주변 상황을 직접 인식하고, 필요한 정보를 골라 대처하며 운전을 한다. 운전자는 더 이상 '운전자'가 아니라 '탑승자'가 되는 것이다. 2040년쯤이면 자동차 4대 중 3대는 자율 주행차가 될 것이라는 전망도 나오고 있다.

이처럼 영국인의 일상 속으로 파고드는 AI 기기와 연구를 살펴보면, 공상

과학 영화에서나 보던 장면이 현실로 바뀌는 일이 멀지 않은 것 같다. 더욱이 영국 정부 차원에서의 적극적인 창업 교육과 지원 혜택 등으로 앞으로 많은 AI 스타트업 기업이 활성화될 전망이어서, AI 산업은 일상 속에서 더욱 크게 발전할 것으로 보인다.

단카이 세대 70대 돌입, 돌봄 서비스 시장 뜬다

이세경_ 도쿄 무역관

일본의 경제 활동
인구 감소

일본에는 '단카이 세대'라 불리는, 한국에서 흔히 말하는 '베이비붐 세대'가 있다. 제2차 세계대전 직후인 1947~1949년에 태어난 이들은 고도 경제성장과 버블 경기를 함께 겪은, 문화적인 면이나 사상적인 면에서 공통점을 가진 전후 세대를 말한다.

2017년이 되면 1947년에 태어난 단카이 세대가 처음으로 70대에 들어선다. 일본에서 70세 이상은 일본 의료 보험 제도상 '고령 수급자'에 해당한다. 고령 수급자는 의료비의 20%만을 부담해 본인 부담은 감소하는 데 반해, 국가 및 경제 활동 인구의 부담은 늘어난다.

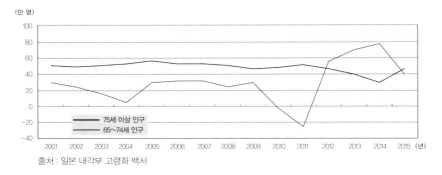

(만 명)

출처 : 일본 내각부 고령화 백서

일본 고령자 인구 전년대비 증가수 추이

개호 이직
증가 추세

일본에는 '개호(介護, 곁에서 돌보아 줌) 이직'이라는 단어가 있다. "가족이나 소중한 사람을 돌봐줘야 할 때가 되면 일을 그만둘 수밖에 없다."는 일본인의 사고방식이 드러나는 말이다. 2014년 일본에서 개호 지원을 인정받은 사람이 처음으로 600만 명을 돌파했고, 개호 이직을 당연하게 선택하는 사람들도 늘어나고 있다.

특히 단카이 세대의 자녀인 '단카이 주니어'는 미혼율이 높다. 2015년에 나온 『저출산 사회 대책 백서』에 따르면 단카이 주니어 세대의 일부가 포함되는 35~39세의 남성 미혼률은 34.5%, 여성 미혼률은 23.3%이다. 이러한 미혼 자녀는 부모를 돌봐야 하는 상황에서 배우자 등의 도움을 전혀 받을 수 없기 때문에 개호 이직을 선택할 확률이 높다. 이렇게 되면 사회적으로는 구조상 경제 활동 인구가 고령층을 지탱할 수밖에 없는데, 경제 활동 인구 연령층 내에서도 경제 활동을 할 수 없는 인구가 증가하는 위험이 생기게 된다.

일과 개호 양립 지원 정책

이에 아베 정권은 '개호 이직 제로' 목표 달성을 위해서 2017년 1월부터 시행될 개정 육아·개호 휴업법을 내놓았다. 원칙적으로 1회였던 개호 휴직이 3회까지 분할 사용 가능해지고, 잔업 면제가 법적으로 명시되는 등 유연한 업무 수행을 가능케 하여 돌봄과 일을 병행할 수 있는 환경을 정부 차원에서 만들어나가겠다는 의도이다.

정부가 움직이자 기업도 움직이기 시작했다. 미쓰이스미토모 해상화재보험은 2016년 6월 말부터 '일과 개호 양립 지원 서비스'를 제공하기 시작했다. 이는 민간 기업 대상 서비스로 직원들의 부모 돌봄에 대한 실태를 파악하고, 대책 세미나 등을 개최하여 개호 이직을 방지하는 것을 목표로 한다.

40대 이상의 직원이 70%에 도달한 파나소닉은 2015년 12월에 부모 돌봄에 관한 직원 설문 조사를 처음으로 실시했다. 직원의 80% 가까이가 개호에 불안을 느끼고 있다는 결과가 나왔다. 이에 개호의 개념 공유부터 상황에 직면했을 때의 지원책까지 망라한 '개호 양립 응원 프로그램'을 마련하여 2016년 4월부터 시작했다. 개호에 관한 기본적인 지식을 포털 사이트에서 제공하고, 공제회에 개호에 관한 상담 창구를 상설하고, 외부 전문 업체와 제휴하여 돌봄 발생 시 필요한 수속을 대행하는 체제도 갖췄다. 연간 9만 엔까지의 치료비 보조와 간호 융자 제도 등도 갖춰 충실한 경제적 지원도 시행한다.

돌봄 시스템 시장의
현황과 전망

일본 정부가 개호 지원이 원활한 사회 시스템을 구축해 가고 기업들이 대응해갈수록 돌봄 관련 기기와 용품, 서비스 시장은 성장할 것이다. 2060년에는 경제 활동 인구 1.3명이 노인 1명을 부양하게 될 일본에서의 관련 시장 확대는 자연스런 수순이기에 2015년 8,270억 엔 규모였던 시장은 2021년까지 약 32% 성장한 1조 880억 엔 규모로 예측된다.

장비·기구·시스템 시장을 장기적 관점에서 볼 때 주목해야 하는 것은 '로봇'이다. '개호 복지 로봇'은 자력 보행이 어려운 고령자의 이동, 재활 훈련 등을 지원하는 로봇을 말한다. 개호자가 착용하면 고령자를 수월하게 이동시킬 수 있는 '머슬 슈트' 역시 로봇의 일종으로, 일본에서는 키쿠치제작소가 해당 분야를 선도하고 있다. 머슬 슈트 등 개호 복지 로봇 시장은 2015년

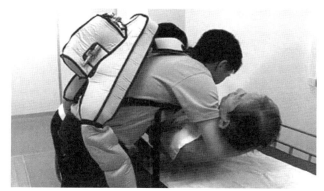

머슬 슈트 실제 활용 예 (출처 : 주식회사 이노휘스 홈페이지)

치유용 바다표범 로봇 '파로'의 덴마크에서의 활용 실례
(출처 : 닛케이 산업기술종합연구소 시바타 주임 연구원)

16억 엔 규모였으나 2021년에는 2015년 대비 9.7배의 성장이 예측되는 상황으로 155억 엔 규모의 시장을 형성할 것으로 보인다.

'노인 커뮤니케이션 로봇' 역시 주목받고 있다. 타카라토미아츠가 2004년에 발매한 말하는 놀이 인형 '유메루'와 2005년에 산업기술종합연구소가 개발한 치유용 바다표범 로봇 '파로' 등이 출시되었으나 아직은 가격이 비싸 대중화되지 못한 실정이다. 일본의 관련 시장은 2015년에는 5억 엔 규모였으나 2021년까지는 약 3.4배 확대된 17억 엔 규모로 예측된다.

또한 개호 용구·용품 시장에서는 고령자용 신발 수요가 지속적으로 증가할 것으로 보인다. 일본 고령자용 신발 시장은 1995년 토쿠타케산업이 고령자용 케어슈즈 '아유미'를 출시한 것을 시작으로, 현재 점차 인지도가 높아져 시장이 활성화된 상황이다.

현관이나 계단, 복도 등에 설치하는 고령자용 보조 난간 역시 2006년 개호 보험법 개정으로 수요가 증가했다. 그 밖에 기기, 용품 외 복지 용구 대여 서비스 시장의 확대도 기대된다. 2015년에 2,910억 엔 규모였던 이 서비스 시장은 2021년까지 약 50% 성장하여 4,100억 엔 규모로 예측된다.

이처럼 단카이 세대의 연령이 70대로 진입함에 따라 일본 정부 및 기업은 본격적으로 부모 돌봄 서비스 시장을 열어가고 있다. 앞으로 이 시장은 국내 내수 시장뿐 아니라 일본 수출 기업의 새로운 진출의 장으로 큰 기대를 모으고 있다.

고령자용 보조 난간의 활용 예 (출처 : 타카가와건재공업 홈페이지)

뉴질랜드 소매 시장, 확 달라진 유통 판도

최종진_ 오클랜드 무역관

뉴질랜드 소매 시장의 변화

Topshop, Zara, H&M 등 다국적 유통 브랜드가 뉴질랜드 소매 시장을 뒤흔들고 있다. 그동안 뉴질랜드 소매 시장은 호주와 현지 브랜드의 독과점 구조였다. 그러나 최근 다국적 유통 브랜드들이 도전장을 내밀면서 철옹성 같은 진입 장벽에 틈이 보이기 시작했다.

이러한 틈새를 한국산 소비재의 진출 기회로 활용하기 위해서는 어떤 전략으로 접근해야 할지, 뉴질랜드 유통 업체들은 한국산 제품에 대해 어떤 생각을 가지고 있는지 뉴질랜드 최대 백화점 체인의 구매 담당자를 통해 확인해보았다.

글로벌 유통
브랜드들의 진출

　　　　　　2015년 5월, 영국의 대표적인 SPA 브랜드인 Topshop이 오클랜드 시내 중심가에 대형 매장을 오픈한 날, 수천 명이 매장 앞에 장사진을 쳤다. 인구가 적어 대형 이벤트가 아니면 모이기 힘든 인파가 일개 매장의 오프닝 행사에 몰린 것이다.

　이뿐만 아니라 2016년 10월에는 세계 최대 규모의 SPA 브랜드인 H&M과 Zara가 오클랜드 외곽의 Sylvia Park 쇼핑몰 내에 나란히 매장을 오픈하면서 뉴질랜드 소매 시장을 적극 공략하고 있다.

H&M 오픈일 매장 앞 풍경

그 밖에도 독일 슈퍼마켓 브랜드 ALDI, 일본 SPA 브랜드 Uniqlo, 프랑스 화장품 유통 브랜드 Sephora, 스웨덴 가구 브랜드 Ikea 등이 향후 뉴질랜드 진출을 고려하는 것으로 보도되면서 현지 소비자들의 높은 관심을 이끌어내고 있다.

현지 브랜드의
현황과 시장 규모

다국적 유통 브랜드의 활발한 진출과 반대로 기존 시장을 장악하고 있던 현지 브랜드는 고전을 면치 못하는 상황이다. 호주계 전자 유통 브랜드인 Dick Smith는 2016년 초 경영 악화로 파산하면서 뉴질랜드 내 62개 매장이 문을 닫았다. 의류 유통 브랜드인 Valley Girl과 Temt 역시 8월에 부도를 내며 모든 매장이 문을 닫은 상태이다.

뉴질랜드 대표적인 유아복 브랜드 Pumpkin Patch 역시 경영상의 어려움으로 20개 이상의 매장을 철수하며 긴축 경영에 들어갔으며 다른 현지 브랜드 사정도 비슷하다. 이는 해외 직구가 늘어나면서 해외 브랜드로 시야를 돌리는 현지 소비자의 증가로 그동안의 자국 내 독점적 유통에 안주하던 현지 유통 브랜드들이 타격을 받은 결과이다.

뉴질랜드 소매 시장은 2015년 기준으로 약 467억 뉴질랜드달러 수준이다. 글로벌 금융 위기를 겪었던 2009년 이후 경제 지표가 호조를 보이며 순

연도별 뉴질랜드 소매 매출 규모

(단위: 백만 뉴질랜드달러)

	2010	2011	2012	2013	2014	2015
오프라인	41,772.5	42,793.0	43,645.9	43,669.4	44,068.1	43,889.1
온라인	1,212.1	1,522.8	1,743.0	2,104.6	2,480.8	2,851.6
전체 소매 매출	42,984.5	44,315.8	45,388.8	45,774.0	46,548.9	46,740.7

출처 : Euromonitor, 숙박, 요식업, 자동차 및 자동차 부품, 유류 제외

이민자 수의 증가에 따른 내수 소비 활성화로 뉴질랜드 소매 시장은 꾸준히 성장하고 있다. 특히 오프라인 소매 시장은 2014년을 기점으로 하락하는 반면, 온라인 시장을 매년 두 자릿수 이상의 성장세를 보인다.

한국산 소비재의 시장 가능성

2015년과 2016년에 서울에서 열린 두 차례의 대한민국 소비재 수출 대전에 뉴질랜드 바이어 9개 사가 방한했다. 이들은 한국의 유망 소비재 기업들과의 미팅을 통해 한국산 소비재의 뉴질랜드 시장 가능성을 타진했다. 특히 2015년에 방한한 Farmers사는 100년이 넘는 역사를 보

유한 뉴질랜드 1위 백화점 브랜드로 한-뉴 FTA로 한국에 대한 관심이 높아져 한국의 주방 용품, 뷰티 제품, 화장품 등 수십여 업체와 심도 깊은 상담을 진행했다.

뉴질랜드 바이어들은 전반적으로 한국산 소비재가 뉴질랜드 현지 시장에 진출하기 위해서는 아직 넘어야 할 산이 많다는 의견을 보였다. 우선 뉴질랜드 소비자들에게 한국산 브랜드에 대한 인식이 전혀 없기 때문에 마케팅에 투자할 수 있는 여력이 있어야 한다고 했다.

뉴질랜드를 비롯한 서구권 소비자들은 대체로 보수적인 성향이 매우 강하기 때문에 이질적인 느낌의 제품을 선뜻 구매할 가능성은 낮은 편이다. 그래서 같은 제품이라 하더라도 진출 국가에 따라 포장 형태나 디자인을 맞춰야 한다.

뉴질랜드는 다른 영어권 선진 국가들에 비해 더욱 보수적인 시장으로 알려져 있어 그들에게 생소한 한국 제품이 뉴질랜드 시장의 벽을 넘기란 매우 어렵다. 하지만 해외 브랜드의 적극적인 진출과 현지 브랜드의 약화로 틈이 벌어진 이때가 우리 기업에게는 기회가 될 수 있다. 뉴질랜드 소비재 시장 진출을 계획하는 우리 기업들은 현지 시장에 대해서 적극적으로 조사하여 현지 소비자 입맛에 맞는 맞춤형 제품으로 공략하는 전략이 필요하다.

Interview

뉴질랜드 진출 시
마케팅에 적극 투자해야 한다

인터뷰 대상
로브 타우리마(Rob Taurima)
Farmers Trading Company 구매 담당

Q 한국산 소비재 제품에 대한 뉴질랜드 내에서의 인식은 어떠한가?

A 2015년 뉴질랜드-한국 FTA 뉴스를 접하고 한국에 대한 관심이 커졌다. 그런데 삼성이나 현대와 같은 일부 대기업 브랜드 외에는 무지한 상황이다. 다만 2015년 11월 KOTRA 초청으로 Korean Consumer Goods Showcase에 참가해 처음으로 다양한 한국산 소비재를 접하게 되었다. 특히 주방 용품이나 뷰티 제품에서 우수한 품질과 뛰어난 디자인을 가진 제품을 접했다. 일부(삼광글라스의 글라스락 제품)는 이미 당사 백화점 매장에서 판매하고 있다.

143

Farmers 매장 입구 (출처 : 위키미디어)   Farmers 본사 전경

Q 한국산 소비재가 뉴질랜드 시장에 진출하기 위해서는 어떤 부분이 필요한가?

A 뉴질랜드 소비자들은 한국산 브랜드에 대한 인식이 전혀 없기 때문에 마케팅에 투자할 수 있는 여력이 있어야 한다.

예를 들어, 우리 백화점 주력 품목인 화장품의 경우에는 브랜드 인지도가 절대적인데 한국 화장품에 대한 현지인들의 인지도는 제로에 가깝다. 한국 유명 브랜드조차 현지인들에게는 생소하다. 중국계를 비롯한 일부 아시아 사람들이 한국 화장품을 선호한다고는 하나 뉴질랜드 전체 인구의 10%도 안 되는 수준이라 의미가 크게 없다.

단순히 현지 시장에 수출하는 것에 그치지 말고 현지 에이전트와 협력해 홍보 마케팅에 힘쓰면서 한국 브랜드를 알리는 것이 중요할 것이다.

이제 포켓몬을 넘어 '포케모노믹스'다

조은진_ 오사카 무역관

포켓몬GO의 경제적 영향력

'포켓몬GO'가 전 세계적으로 붐이다. 위치 정보 시스템(GPS)과 증강 현실(AR : 현실 환경에 컴퓨터그래픽이 추가되는 기술)이라는 첨단 기술의 힘을 빌려 주변의 현실로 튀어나온 포켓몬스터에 전 세계 팬들은 열광했고, 포켓몬GO는 기존의 각종 게임 산업의 기록을 빠르게 갈아치웠다. 서비스 개시 이후 최초 1개월간 다운로드수 세계 최다, 매출액 1억 달러 최단 기간 20일 달성, 최초 1개월 매출액 최고 기록(2억 650만 달러) 달성 등이 그것이다.

미국 모바일 앱 조사회사 센서타워(Sensor Tower)에 따르면 포켓몬GO

는 발매 첫 월에 약 2억 달러(한화 약 2,230억 원)의 아이템을 판매했다. 뿐만 아니라 시장 조사 기관 Gfk재팬에 따르면 7월 22일 서비스 개시 이후 일본에서는 스마트폰 충전용 보조 배터리 판매액이 3배 가까이 늘어났다.

포켓몬GO는 게임 산업뿐 아니라 다른 산업에도 파장을 일으키며 '포케모노믹스'라는 신조어까지 낳고 있다.

포켓몬GO를
활용한 사업

포켓몬GO를 개발한 회사인 미국 나이언틱(Niantic)은 이미 2013년에 AR 기술을 활용한 게임인 '인그레스(Ingress)'를 성공적으로 출시한 바 있다. 인그레스는 현실 세계의 사적이나 건축물 등을 포탈로 등록하고 포탈을 실제 방문하는 것이 승패의 열쇠인 게임이다. 즉 AR 기술로 현실에 기반을 둔 위치 정보 마케팅 플랫폼으로 활용하려는 움직임은 포켓몬GO 전에 인그레스부터 시작된 것이다.

현재 포켓몬GO를 활용한 위치 정보 마케팅 플랫폼으로 매출을 올리는 지방자치단체 및 기업 비즈니스가 쏙쏙 등장하고 있다.

일본 내 2,900개 매장에서 플레이어가 캐릭터로 대전할 수 있는 '체육관'이나 아이템을 얻을 수 있는 '포켓스톱' 등 포켓몬GO 관련 서비스를 제공

포켓스톱이 설치된 오사카 맥도날드 매장

하는 맥도날드는 2016년 7월 매출액이 전년 동월 대비 26.6%, 고객은 9.8% 증가했다.

　2016년 7월 돗토리 현은 포켓몬GO를 안전하게 마음껏 즐길 수 있는 '터' 를 선정해 발표했다. 남북 2.4km, 동서 16km의 넓고 한적했던 이 사구에 관광객이 몰리고 있다. 후쿠시마 현 등 지진 피해 4개 지방자치단체도 관광 객 유치를 위해 포켓스톱과 체육관 등을 추가할 계획이라고 밝혔다.

　오사카 시 센바야 상점가는 '몬스터 잡았다! 대작전' 이벤트를 개최하면 서 방문객 유치 확대를 위해 노력하고 있다. 가나가와 현의 유가와라 온천 에서는 온천가에 출현하는 포켓몬을 잡는 투어를 실시하고 있다.

AR 기술 활용 게임의
상업적 효과

　　　　　　　포켓몬GO의 전무후무한 영향력은 일상적인 소비 시장 속으로도 널리 퍼지고 있다. 일본 2대 편의점인 로손은 2014년 10월부터 일본 전국 1만 2천 개 매장을 포탈로 등록하여 고객의 방문을 유도하고 있다. 그뿐만 아니라 일본식 주먹밥 오니기리를 구입하면 게임에 필요한 아이템을 증정하여 매출 확대를 도모하고 있다.

　또한 전국의 자동판매기 2천 대를 등록한 일본 음료 회사 이토엔(伊藤園)은 상품을 구입하면 게임 아이템을 주는 이벤트를 실시하여 효과를 톡톡히 보았다. 캠페인 대상이 되는 음료수의 자동판매기 판매량은 10% 증가했다.

　그런가 하면 일본 자동차 용품 판매체인 오토백스 세븐은 국내외 640개 매장을 포탈로 등록한 후, 매일 1천 명 정도의 '인그레스' 게임 유저가 매장을 방문하는 효과를 누렸다. 그 밖에도 마루젠, 쥰쿠도 서점 등 약 300개의 서점 역시 포탈로 등록한 후 월간 10만 명이 방문하는 효과가 있었다.

AR 기술의
확산과 전망

　　　　　　　이처럼 포켓몬GO 덕분에 친숙하게 다가온 AR 기술의 활용은 다른 분야에서도 확산될 것으로 보인다. 2016년 7월 NTT 도코모는

AR 기술을 활용한 안경형 단말기를 개발하겠다고 발표했다. 안경형 단말기는 위치 정보 게임에 활용할 수 있을 뿐 아니라 2020년 도쿄올림픽 개최 시 일본을 방문하는 외국인 관광객에게 길을 안내하는 목적으로도 사용될 계획이다.

하드웨어뿐 아니라 AR 기술을 제품 판매에 응용하려는 소프트웨어의 개발도 주목할 만하다. 도쿄 소재 가구 기업 리빙스타일은 자신의 집에 가구를 배치하고 꾸며볼 수 있는 앱인 '인테리어+'를 제공하고 있다. 후쿠오카 소재 IT벤처 기업 넥스트 시스템(Next System)은 매장에 있는 디스플레이 앞에 서서 화면에 표시되는 옷을 선택하면 실제 입고 있는 것 같은 모습을 보여주는 피팅 시스템을 개발했다.

산업 현장에서의 AR 기술 활용도 돋보인다. 캐논이 개발한 'MREAL'은 AR 기술을 활용한 현실 영상과 CG를 실시간으로 융합해 보여주는 고글형 단말기다. MREAL은 물류 시스템을 설계·제조할 때 사전 검증용으로 활용하고 있다. 설비 점검에도 응용이 가능한데, 히타치제작소는 AR 기술을 활용해 공장 설비·점검을 지원하는 시스템을 개발·추진할 계획이다.

미국 조사기관 Digi-Capital에 따르면 2020년 전 세계 AR와 VR 시장은 1,500억 달러까지 확대될 전망이다. VR보다는 AR의 성장 가능성이 커 AR 기술은 게임뿐 아니라 AR를 통한 상거래, 테마파크 놀이기구, 건강관리, 교육, 앱 등 다양한 분야에서 활용될 가능성이 높다. 특히 포켓몬GO 이후 애플이 AR 기술에 적극 투자하겠다고 밝히는 등 세계 IT기업들의 AR 기술 산업 참여 확대로 변화는 더더욱 가속도가 붙을 예정이다.

이러한 기술로 게임뿐 아니라 비즈니스 현장 및 일상 생활도 크게 바뀔 전망이다. '사람들의 새로운 행동을 유도'할 수 있는 새로운 콘텐츠 및 기기로 포켓몬GO처럼 대히트를 기록하며 다양한 산업에 파급 효과를 미치는 우리 기술 기업의 모습을 기대해본다.

집밥까지 테이크아웃하는
벨기에 공유 경제

김도연_ 브뤼셀 무역관

벨기에의
공유 경제 확산

2012년 에어비엔비와 우버 택시가 등장했을 때만
해도 벨기에 내에서 공유 경제라는 단어는 일반 대중보다는 언론에서 주로
사용했다. 2015년 '집밥 공유'라는 콘셉트를 내세운 벨기에 스타트업 기업
메뉴넥스트도어(Menu Next Door)가 대중들에게 폭발적인 인기를 얻으면
서 공유 경제라는 말이 벨기에 내에서 본격적으로 퍼지기 시작했으며 현재
각종 언론 매체의 조명을 받고 있다.

메뉴넥스트도어는 '집밥의 테이크아웃' 서비스를 중계하는 업체이다. 이

름 그대로 옆집(Nextdoor)에서 만든 메뉴(Menu)를 먹을 수 있도록 서비스
한다. 전문 요리사가 아닌 평범한 일반인이 집에서 정성 들여 만든 요리를
저렴한 가격에 테이크아웃하도록 돕는다. 특히 외국인이 많이 거주하는 벨
기에 특성상 집밥 요리사들의 다양한 국적은 메뉴넥스트도어의 인기를 드
높인 비결로 꼽힌다.

집밥의 주문은 온라인(www.menunextdoor.be)을 통해 하는데, 사이트
에서는 주문이 가능한 음식 메뉴들이 일별로 소개되어 있다. 원하는 음식과
테이크아웃할 시간을 설정하고 결제한 후, 시간에 맞춰 요리를 찾으러 가면
되는 방식이다.

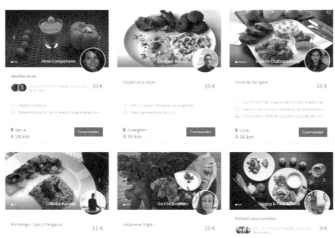

메뉴넥스트도어의 집밥 메뉴 (출처 : Menu Next Door사)

테이크아웃 모습 (출처 : Menu Next Door사)

대표 스타트업
기업의 사례

　　　　　모르는 사람의 집에 찾아가서 음식을 테이크아웃한다는 사실이 낯설다고 생각할 수 있으나, 메뉴넥스트도어의 테이크아웃 서비스는 어색함보다는 오히려 화기애애한 분위기 속에서 이루어진다. 아마추어 요리사들은 자신의 집까지 찾아와준 고객들을 위해 웰컴 드링크 또는 핑거푸드 등을 제공하며 음식의 배경, 메뉴에 대해 자세히 설명해주며 고객들과 소통하는 시간을 가진다. 이들 아마추어 요리사는 대부분 음식을 만드는 것에 대해 커다란 열정과 자부심을 가지고 있으므로, 단순히 음식의 판매로 얻는 수익보다는 자신이 만든 음식을 타인과 '공유'하는 것을 더 중요하게 여기기 때문이다.

　집밥의 메뉴는 해당 아마추어 요리사가 자유롭게 선택하며, 가격 또한 요

2015년 크리스마스 이벤트 모습 (출처 : Menu Next Door사)

리사가 자율적으로 책정한다. 전식과 본식 그리고 디저트까지 총 3코스를 제공하는 경우에는 10~13유로(한화 12,700원~16,500원 선), 메인 요리만 제공하는 경우에는 5~7유로(한화 6,400원~8,900원 선)로 일반 식당에서 판매하는 테이크아웃 메인 요리 가격 11~17유로(한화 14,000원~21,600원 선)에 비해 매우 저렴하다.

메뉴넥스트도어를 통해 집밥을 선보이고 싶은 경우, 업체에 요리사 등록을 요청하면 업체 측 관계자가 집을 방문하여 음식을 맛보고 위생 환경을 점검하는 등 일련의 승인 과정을 거친 후 등록해준다. 현재 총 700명가량의 아마추어 요리사가 메뉴넥스트도어에서 활동 중인데, 이들 요리사들은 커미션 없이 무료로 온라인 플랫폼을 이용해 집밥을 판매할 수 있다. 현재는 무료로 서비스를 제공하고 있으나, 향후 집밥 공유가 확대되면 15%가량의 커미션을 부과할 예정이라고 한다.

2015년 5월 메뉴넥스트도어사는 현재 6만여 명의 회원이 하루 200여 개 이상의 집밥을 테이크아웃하고 있다. 벨기에의 성공을 바탕으로 2015년 12월에는 프랑스에도 진출했으며, 2016년 6월부터 영국에서도 집밥 공유 서비스를 시행하고 있다.

요리하는 데 열정을 지닌 아마추어 요리사는 본인이 만든 음식을 타인과 공유한다는 기쁨과 더불어 일정 수익까지 창출해낼 수 있고, 소비자 입장에서는 매우 저렴한 가격에 다국적 집밥을 맛볼 수 있는 경험을 할 수 있어 생산자와 소비자 양쪽 모두를 만족시키는 서비스로 평가받고 있다.

신규 사업의
발굴과 확산

벨기에의 많은 기업은 최근 공유 경제 관련 신규 사업 발굴에 열을 올리고 있다. 특히 스타트업 기업들을 중심으로 노동력, 청소, 숙박 시설 등으로 분야가 확산되고 있다. 메뉴넥스트도어 외에 떠오르는 벨기에 공유 경제 사이트로는 노동력 공유 서비스인 리스트미닛(Listminut)과 차량 임대 공유 서비스인 캄비오(Cambio)를 들 수 있다.

리스트미닛은 집 보수 공사, 베이비 시팅, 정원 손질, 청소 등 다양한 노동력을 필요로 하는 사람과 노동할 수 있는 서비스 제공자를 연결해주는 온라인 플랫폼이며, 캄비오는 원하는 시간에만 자동차를 렌트해 사용할 수 있는 차량 공유 서비스이다.

벨기에 공유 경제는 최근 들어 공기업으로도 확산되고 있다. 2016년 6월, 벨기에 우체국 B-post는 공유 경제 우편배달 서비스 Bringr를 시범 운행한다고 밝혔다. 일반인 배달 요원을 통해 우체국 영업시간 이후에 고객이 원하는 시간에 배달이 가능하도록 만든 서비스이다.

남은
과제와 전망

한편 벨기에 공유 경제 관련 업체들의 탈세 규제를 요구하는 목소리도 높아지고 있다. 특히 요식업과 숙박업 분야 전통 업체들은 가뜩이나 불황인 상황에서 공유 경제 기업들의 등장으로 생계가 위협받고 있다고 주장하며, 벨기에 정부로 하여금 현재 공유 경제 산업에 일정 세금을 부과하는 방안을 추진토록 압력을 가하고 있다.

공유 경제 관련 전문가들은 2009년 이후 지속되는 경제 침체로 벨기에인들이 점점 합리적인 소비 성향을 보이고 있으며, 소셜네트워크 발달에 따라 소비자들 간 커뮤니케이션이 증가하면서 공유 경제가 크게 활성화되는 것으로 분석하고 있다. 새로운 트렌드로 급부상 중인 벨기에의 공유 경제가 전통 업계와의 대립 구도 속에서 지속적으로, 또한 더 큰 시장으로 성장할 수 있을지 귀추가 주목된다.

Interview

이웃을 위해 요리하는 것이
우리만의 '장점'이다

인터뷰 대상
니콜라 반 리메난트(Nicolas Van Rymenant)
메뉴넥스트도어사 CEO

Q 메뉴넥스트도어에 대해서 소개해달라.

A 메뉴넥스트도어 요리는 '신선도'와 '품질' 면에서 매우 뛰어나다. 일반 식당에서 테이크아웃을 하는 경우, 주문 가능한 메뉴 종류의 수가 아주 많고 메뉴별로 언제 주문이 들어올지 모르기 때문에 식재료를 싱싱하게 보관하는 것이 어려울 수 있다.

메뉴넥스트도어 요리사들은 비록 전문 요리사는 아니지만 본인이 원하는 날에만 단일 메뉴를 제공하기 때문에 아주 신선한 식자재들로 요리할 수 있다. 즉 요리가 본업이라 반복적으로 매일 요리하는 것이 아니라 원하는 날에만 '특별하게' 요리하기 때문에 질적인 면에서 식당의 음식보다 더 정성 들인 음식을 선보일 수 있다.

또한 우리 요리사들은 전날 저녁까지 주문을 받고, 전날 저녁 또는 당일 오

158

메뉴넥스트드어를 통해 요리를 판매하고 있는 아마추어 요리사 (출처 : Menu Next Door사)

전에 식재료를 구입하는 식으로 신선한 재료로만 요리하는 것이 원칙이다. 대부분이 요리하는 것을 좋아하고 요리에 큰 관심이 있는 미식가들인 만큼 본인의 이름으로 나가는 음식들에 정성을 듬뿍 담아 요리하고 있다.

Q 메뉴넥스트도어에는 몇 명의 요리사가 등록되어 있나?
A 현재 700여 명의 요리사가 등록되어 있다. 유럽 주변국을 포함해 미국·캐나다 등 북미 지역, 아르헨티나·칠레·에콰도르 등 남미 지역, 콩고 등 아프리카 지역, 일본·중국·베트남·태국 등 아시아 지역 등 전 세계에서 온 아

마추어 요리사들이 활동 중이다.

한국 음식 역시 판매되고 있다. 현재 한국에서 온 3명의 아마추어 요리사가 비빔밥·만두·불고기·잡채 등의 음식을 선보이고 있는데, 상당히 인기가 있다. 나도 비빔밥을 맛봤는데 새롭고 아주 맛있었다.

Q 요식업계에서는 자신들의 생계를 위협하고 있다며 반대하는 목소리를 크게 내고 있는데, 이에 대해 어떻게 생각하나?

A 우리가 제공 중인 서비스와 전문 요식 업체는 그 성격이 다르다. 우리 요리사들은 전문 요리사처럼 매일 요리를 하는 것이 아니라 요리에 열정을 지닌 이들이 '가끔' 취미 삼아 하는 것이기 때문에 집밥을 공유한다는 것이 요식 업계 전체를 위협할 것이라고는 생각하지 않는다. 다만, 요식 업계에서 우리의 존재를 달갑게 여기지 않는 것을 잘 알고 있다. 현재 정부에서 마련 중인 공유 경제에 관련된 세금 부과 정책 시행으로 요식 업계와 큰 충돌 없이 원만하게 해결되었으면 하는 바람이다.

신재생 에너지 사업으로 탈출구 찾는 캐나다

오진영_ 밴쿠버 무역관

원유 수출국 캐나다의 경제 현황

'뉴골드러시'라고도 불렸던 검은 황금 오일샌드 열풍은 이제 캐나다에서 찾아보기 어렵다. 캐나다는 지난 몇 년간 오일샌드에서 원유를 추출하는 기술이 상용화되고 고유가가 유지되면서 석유 시대 최고의 황금기를 보냈다. 그러나 최근 이어진 저유가 행진과 셰일가스·셰일오일 등 경쟁 자원의 등장, 그리고 주요 원유 수출국이던 미국의 기후변화 정책 강화 등으로 궁지에 몰렸다.

석유 회사들은 강도 높은 비용 절감 외에 탈출구를 찾기 어려운 막막한 상황이어서 수천 명을 정리 해고했고, 이어서 하청 업체들에게 공급가 인하

태양광과 풍력 발전 (출처 : Stantec사)

를 요청하고 있다. 생산을 중단하면 재가동 비용이 배로 비싸기 때문에 생산을 전면 중단할 수도 없다. 캐나다 주요 에너지 기업인 허스키에너지사는 2017년에 16억 달러 규모의 확장 프로젝트를 계획했으나 최소 10년 후로 연기했고, 세노부스사는 신규 건설 프로젝트를 46% 축소했다. 더불어 선코사 및 코노코필립스사 등도 수천 명을 정리 해고했다.

신정부의
국가 에너지 전략

이처럼 캐나다 내 에너지 위기 극복을 위한 신성장 동력 창출이 시급해졌다. 이에 따라 2016년 초에 출범한 트뤼도 총리의 자유당 신정부는 주도적으로 신재생 에너지 기술 개발 및 친환경 전기차량 개발을 정책 아젠다로 추진하는 등 국가 에너지 전략을 수립하여 추진하고 있다.

트뤼도 총리의 미국 기후변화 정책 지지 및 신재생 에너지 사업 육성은 북미 경제의 긴밀한 통합을 위한 중요한 요소이며, 저유가 장기화에 대비한 캐나다의 생존 전략으로 볼 수 있다.

탄소 배출을 캐나다에서 가장 많이 하는 알버타 주는 2030년까지 18개의 화석연료를 사용하는 공장을 폐쇄하고 천연가스·풍력·태양광·바이오매스 발전소를 건설할 계획이며, BC 주는 탄소 배출량을 2020년까지 2007년 수준 대비 33%로 줄이고 2050년까지 80% 감축할 예정이다.

아직 기후변화 정책이 구체화되지 않은 온타리오 주, 퀘벡 주, 마니토바 주는 탄소 배출권 거래 시스템(cap-and-trade systems)을 공식화하는 데 합의한 상황이다. 향후 전 지역에서 탄소 배출권 가격을 정하고, 탄소 배출량 타깃을 결정하는 등 에너지 관련 프로젝트에 대해 엄격한 환경 검토 프로세스가 도입될 전망이다.

각 주별 재생 에너지
개발 전망

클린 에너지 캐나다(Clean Energy Canada) 자료에 의하면 캐나다는 2016년 기준 주요 재생 에너지 생산·소비 국가 중 12위이다. 국가 내 재생 에너지 부문 투자는 전년 대비 절반 가까이 줄었는데, 주된 이유로 정부 차원의 제도 및 법률 마련이 부족하기 때문인 것으로 나타났다. 또한 캐나다 각 주별 상황에 따라 발전 가능성이 높은 신재생 에너지는 조금씩 다르지만, 전문가들은 캐나다 전반에서 풍력 발전과 태양광 발전이 크게 성장할 것으로 예측하고 있다.

캐나다의 태양광 발전 산업의 국제적인 위상은 아직 낮지만, 그 수요는 꾸준히 증가하는 추세이다. 발전차액지원제도*와 같은 정부 지원 제도가 갖춰질 경우, 태양 복사 에너지의 양이 많은 알버타 주와 서스캐처원 주는 태양광 발전 사업에 유망한 지역으로 떠오를 수 있다.

한편, 대규모 산업 공장 지대를 찾아보기 힘든 BC 주에서는 기후변화에 대응하기 위한 방안의 일환으로 전기 자동차 보급에 박차를 가하고 있다. BC 주는 2050년까지 화석 연료 차량을 전기, 하이브리드, 수소 연료 등의 청정 에너지 차량으로 대체하는 것을 목표로 하는 국제무배출차량연합에

---

*발전차액지원제도(Feed in Tariff, FIT) : 신재생 에너지 생산 전력에 대해 생산 가격과 전력 거래 가격 간의 차액을 정부의 전력 산업 기반 기금으로 보장해주는 제도를 말한다.

가입한 바 있으며, 최근 전기 차량은 탑승자 수와 관계없이 고속도로 전용 차선을 사용하도록 하는 정책을 발표했다.

한국 에너지 기업의 진출 가능성

이처럼 트뤼도 총리는 2016년 신정부를 수립한 뒤 신재생 에너지 산업 개발에 긍정적인 태도를 보이고 있다. 이에 캐나다 풍력에너지협회(CanWEA)는 앞으로 한층 더 적극적으로 친환경적인 정책을 수립할 것으로 기대하고 있다.

물론 2017년에 국제 유가가 반등세로 돌아서면 상황이 달라질 수 있다. 오일 가격이 회복세가 되면 완만한 속도의 경기 회복이 이뤄질 것이고, 알버타 주를 중심으로 오일샌드 개발이 다시 활성화될 수 있기 때문이다. 하지만 그렇다 하더라도 장기적이고 안정적인 전력 수급 계획을 감안한다면 신재생 에너지 개발은 더 늦출 수가 없다.

무엇보다 북미 지역은 신재생 에너지 분야에서 투자가 비교적 활발한 편이기 때문에 우리 기업에 대규모 건설 프로젝트의 기회는 많다. 특히 풍력과 태양광 발전은 우리 기업이 기술적인 강점을 지닌 분야이고 가장 많이 수주받는 프로젝트이기도 하다.

이미 캐나다에서 삼성물산은 풍력·태양광 발전 단지를 완공해 성공적으

풍력 발전 (출처 : 『Toronto Star』)

로 사업을 운영하고 있고, 2015년 7월에는 한국전력이 현지 기업과 공동으로 자체 전력 생산을 할 수 있는 마이크로그리드 사업을 추진하기로 합의한 바 있다.

향후 기후변화 정책으로 신재생 에너지 개발은 더욱 가속화될 것이다. 이에 우리 기업들이 캐나다 시장에 대대적으로 진출할 가능성이 높아질 것이다. 북미 신재생 에너지 시장이 우리 기업들에게 새로운 기회의 땅이 되길 기대해본다.

제3장

CHOICE
시장에 맡길 것인가, 시장을 선택할 것인가
기회 시장 진출을 위한 탐색

페루 의약품 시장,
지금이 진출 적기다

김백진_ 리마 무역관

페루의
의료 인프라

페루의 미니 버스를 이용하는 상당수는 이른바 빈민층이다. 이 미니 버스에는 차장도 있다. 차장은 창문 밖으로 고개도 내밀고 활기차게 행선지도 이야기해주고 차비도 받는다. 마치 1970~1980년대 우리나라의 버스를 연상케 한다.

그러나 이 미니 버스가 페루인의 건강을 해치는 원흉이라는 연구 결과가 있다. 페루 리마에서 발표된 한 논문에서는 이 미니 버스가 결핵을 옮기는 수단이 될 수 있다고 지적했다. 상대적으로 의료 시술을 받기 힘든 빈민촌에서 발생한 결핵이 미니 버스를 탑승한 사람들로부터 전파된다는 것이다.

페루의 미니 버스

선진국에서는 쉽게 치료 가능한 인플루엔자, 폐렴 등이 페루 사람들에게
는 주요 사망 요인으로 지목될 만큼 위험한 질병이다. 미니 버스보다는 부
족한 의료 시설과 인프라의 부재가 근본적인 결핵의 발생 요인일 것이다.

이에 페루 보건부 장관은 대대적인 의료 개혁과 함께 의료 보험의 확대,
공공 의료 서비스의 강화를 전면에 내세우고 있다. 이 의료 개혁에는 의료
기기와 소모품, 약제들에 대한 규제 해소와 투명한 공공 의료 기기에 대한
입찰도 들어 있다. 이는 의료 혜택 취약 계층을 지원하고 치료 가능한 병에
대해서 쉽게 치료를 받을 수 있도록 하는 정책이다.

수입 의약품 시장의
성장세

최근 4년간 페루의 의약품 시장은 지속적인 성장세를 보이고 있다. 2015년 기준 15.6억 달러의 시장이 형성되었으며, 평균 2.6%의 성장률을 보이고 있다. BMI Research 보고서에 의하면, 페루의 의약품 시장은 2020년까지 32억 달러로 성장할 것이라고 예측했다.

이러한 의약품 시장 성장률에 비해 페루 내 의약품 생산은 계속해서 떨어지고 있다. 2015년 12월 기준으로 전년 같은 기간 대비 3.0%가 감소했으며, 2014년 대비 2015년 전체 생산량은 18.3%가 감소되었다. 이는 현지 생산 의약품이 수입품으로 대체되었고, 주사액 수요와 약품의 회전율이 감소했기 때문이다.

반면에 페루의 수입 의약품 시장은 성장세를 보이고 있다. 2015년 5.2억 달러가량 늘어났으며, 2011~2015년의 평균 성장률은 6.1%를 기록했다. 이 중 항생제, 항결핵제 등이 가장 큰 수입액을 차지하고 있다.

이러한 시장 상황은 한국 의료 관련 기업들에게 좋은 기회가 될 수 있다. 페루 정부 조달 시장이 한-페루 FTA로 인해 제도적으로 기반이 잘 닦여 있고, 2015년 4월에 페루 보건부가 한국을 의료 선진국으로 분류함에 따라 의료 등록 절차가 간소화되었다는 점은 우리 업체들이 진출하기 좋은 여건으로 평가할 수 있다. 페루의 의료 서비스 제공 여건이 날로 개선되고 있다는 점 또한 호재 중 하나이다. 페루에 등록된 의사 수는 75,483명으로 2013년의 65,110명에 비해서 약 16%가량 증가한 수치로 인구 1천 명당 2.4명의 의사를 보유하고 있다. 이는 한국의 2.2명보다도 높은 수치이다.

시장 진출을 위한
체크 포인트 7

한국이 강점을 가질 수 있는 의료 유망 상품은 인알부민, 펠로디핀, 메만틴, 피리도스티그민, 리바스티그민, 부피바카인, 에스시탈로프람 등이다. 특히 한국은 제네릭과 바이오시밀러 의약품 분야에서 강점을 가지고 있는데 품질과 가격 경쟁력을 모두 갖추고 있다는 점은 일반적으로 저가 제품을 선호하는 페루 상품 시장에서 충분히 통할 것으로 보인다.

태평양 인접국이며 이미 대부분의 중남미 국가와의 자유무역 협정이 체결되어 있다는 점 역시 인근 국가로의 수출길을 개척하는 데 큰 장점으로 평가된다. 다만 우리 기업이 페루 의약품 시장을 두드릴 때 미리 체크해야 할 점이 있다.

① 스페인어 또는 영어로 된 웹 홈페이지를 구비해야 한다.
 - 홍보가 가능한 품목 정보가 올라와 있는 스페인어(영어) 웹페이지가 반드시 필요하다.

② 미팅 또는 바이어와 컨택하기 전에 해당 준비 사항을 확인해야 한다.

- 자체 제작한 품목 브로슈어

- 페루 비즈니스 매너 숙지(특히 기업을 알아가기 전에 품목과 가격 협상은 페루에서는 예의에 어긋날 수 있다.)

- 계약 전에 가격 협상에 대해 적어도 세 번 이상 가격 조정이 있을 수 있다.

③ OEM 방식 수출에 대한 거부감을 버려야 한다.

- 잘 알려지지 않은 한국 브랜드로 이미 페루 시장에 진출해 있는 미국 및 유럽 업체 브랜드와의 맞붙어 경쟁하기보다는 페루 바이어의 브랜드를 이용하여 수출을 하면 브랜드 경쟁력을 가질 수 있다.

④ 위생 등록을 위해 페루에서 통용되는 약전(Pharmacopeia)를 사용해야 한다.

- 현재 페루에서는 일본, 미국, 유럽의 약전을 사용하고 있다.

⑤ 상품 가격에 대한 유연함이 필요하다.

- 상품 가격을 깎는 경우가 많기 때문에 상품 가격 책정에 대해 유연한 태도를 가져야 한다. 물론 시장에서 반응이 오면 추후 가격을 올리기도 한다.

⑥ 공공 조달 시장은 이렇게 준비해야 한다.

- 공공 조달 시장에서는 중국과 인도 의약품 업체와 경쟁을 하게 되는데, 이는 주로 입찰을 통해 진행한다.

- 필요할 때 해당 시장 관료나 입찰 대상자에게 상품을 소개하기 위해 페루 내에 지사를 설립한 후에 진행하는 것이 좋다.

⑦ 회신을 빨리 해야 한다.

- 페루 기업들은 한국 상품의 품질은 입증되었으나, 원하는 답변을 들을 수 있는 시간이 오래 걸리는 것이 문제라는 지적이 있다.

- 따라서 영어(또는 스페인어)로 빠른 답이 가능하도록 항상 준비해놓아야 한다.

절대 놓칠 수 없는 시장,
필리핀 온라인 시장

현성룡_ 마닐라 무역관

필리핀 온라인
시장 현황

"It's better to do something late than to never do it at all." 즉 늦었다고 생각할 때가 가장 빠를 때다. 필리핀에서 온라인 쇼핑몰 시장을 개척하라는 말을 하면 진부하게 들릴지 모른다. 그러나 온라인 시장은 우리 기업 입장에서는 절대 놓칠 수 없는 유망 시장이다. 필리핀에서는 온라인 시장을 몰라서 뛰어들지 않는 것이 아니라, 알지만 아직 할 줄 몰라서 못하고 있다.

소비재 시장
진출의 제약

필리핀 소비재 시장에 진출하려면 여러 가지 제약 사항부터 사전에 알아두어야 한다.

먼저 수입 허가 문제를 들 수 있다. 모든 나라가 의약품, 식품, 화학 물질은 국민 건강에 영향을 끼칠 수 있으므로 관련 상품에 대한 수입 기준에 엄격한 것은 당연한 일이다. 필리핀에서는 인증 기간이 오래 걸리며, 간혹 부패한 공무원 중에는 빠른 허가를 담보로 뒷돈을 요구하거나 거부당하면 재신청 자체를 받아주지 않거나 시간을 오래 허비하게 하는 경우도 있다.

또 다른 제약은 소매업의 법인 설립 문제이다. 외국인 또는 기업은 필리핀에 납입 자본금 250만 달러, 시설에 83만 달러 이상 투자를 해야 100% 법인으로 소매업을 할 수 있다. 이 조건을 충족시키지 않으면 법인을 설립할수 없으며, 개인 사업자로는 더더욱 할 수 없다. 따라서 많은 해외 기업이 필리핀에서 소위 '장사'를 하려면 현지 기업을 파트너로 삼을 수밖에 없다. 즉 자본 투자 및 제품 운송까지 외국 기업이 한다 하더라도 필리핀 기업과 어쩔 수 없이 이익을 나눠야 하는 불합리한 구조인 것이다.

이와 같은 이유로 필리핀에 소비재로 진출하는 외국 기업은 주로 현지 기업과 합작을 통한 마스터 프랜차이즈, 소수의 100% 지분을 보유한 직영점(혹은 소매점, 250만 달러 투자), 그리고 불법으로 현지인을 주주로 앉혀 진출하게 된다. 그런데 이런 경우 현지인이 나쁜 마음을 먹는다면 사업체를 빼앗

기는 상황이 생길 수도 있으므로 신중하게 선택해야 한다.

온라인 시장의
성장세

필리핀 인터넷 쇼핑몰 시장은 2010년 2.9억 달러 규모에서 2015년 기준 6.6억 달러를 기록하면서 5년간 127.6% 상승했다. 이는 필리핀의 경제 성장(5년간 연평균 6%)으로 소비자의 전체적인 소비력이 증가한 데 반해, 최근 2년간 물가는 1~2%의 낮은 상승률을 보였기 때문이다.

그러나 단순히 경제 지표 상승으로 인한 성장도 있지만 필리핀 내 변화의 바람도 무시할 수 없다. 전통적으로 눈앞에서 현금을 주고 결제하는 필리핀 사람들의 소비 행태가 변하기 시작한 것이다.

필리핀은 2015년 기준 가정용 인터넷 보급률이 10%로 낮지만, 휴대폰 사용자는 116%에 달하며 그중 모바일 인터넷 사용자는 40%가 넘는다. 이 점을 이용하여 필리핀 최대 인터넷 쇼핑몰 중 하나인 중국계 기업 라자다(www.lazada.com.ph)는 모바일 인터넷으로 결제 시 추가 5~10% 할인해주는 방침 등으로 모바일 인터넷을 주로 사용하는 필리핀 소비자를 끌어들이고 있다.

필리핀 소비자는 신용카드를 많이 가지고 있지 않다. 전 국민의 약 2%만

신용카드를 소지하고 있다. 그래서 대부분의 필리핀 인터넷 쇼핑몰 운영 기업은 COD(Cash On Delivery : 배달과 동시에 현금을 지불하는 방식) 서비스를 제공하고 있다. 다만 COD 서비스의 단점은 현장 결제 취소가 자주 발생하므로 업체들은 이 취소율을 줄이는 것이 관건이다. 규정상 소비자의 단순 변심이라 하더라도 어쩔 수 없이 취소를 해주어야 하기 때문이다.

한국 기업의 수출 판로 확보

현재 우리 기업인 CJ O쇼핑은 필리핀 최대 방송사인 ABS-CBN과 합작해 편성한 홈쇼핑 채널이 성공을 거두어 필리핀 제 1의 홈쇼핑 판매 기업이 되었다.

CJ O쇼핑은 홈페이지를 통해 온라인 판매도 동시에 진행하고 있다. 주요 판매 품목은 한국산 소비재로 부엌 용품, 가정 용품, 가방 등이다. 따라서 같은 종류의 제품 수출을 원하는 한국 기업은 CJ O쇼핑과 접촉하여 판매를 문의할 수 있다.

라자다에서는 예전에 Korean Beauty 항목을 따로 둘 정도로 이미 한국산 제품을 많이 판매하고 있다. 의류, 화장품, 전자 제품부터 심지어 한국산 라면까지 품목에 들어 있다. 제품 판매 요청은 홈페이지(www.lazada.com.ph)를 통해 온라인 신청이 가능하다.

일반적으로 필리핀에서 쇼핑센터 같은 오프라인 숍에서는 상품을 유통하는 경우 수수료가 29%에 달하지만, 온라인 쇼핑몰은 19% 내외이다. 온라인 쇼핑몰이 오프라인 숍보다는 가격 경쟁 측면 및 기업 이익에서 이득이다.

여러 이유로 필리핀 소비재 시장에서 오프라인 매장으로 진출이 어렵다면, 온라인망이 우리 기업 수출의 새로운 판로가 될 수 있다. 지금 필리핀에서는 CJ O쇼핑, 라자다 필리핀을 선두로 온라인 쇼핑몰이 눈에 띄게 성장하고 있기 때문이다.

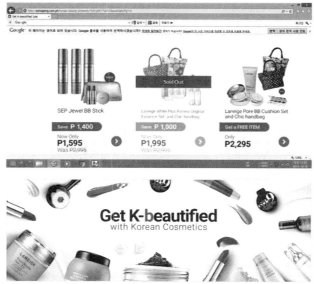

한국산 상품을 판매하는 필리핀 온라인 쇼핑몰
(출처 : CJ O쇼핑 홈페이지, LAZADA 홈페이지)

Interview

'라자다'는 유통 마진 19%만 받는
착한 쇼핑몰이다

인터뷰 대상

패트릭 마시 라자로(Patrick Marthy Lazaro)

라자다 필리핀사 부장

Q 라자다몰이 수출업자에게 어떤 메리트가 있나?

A 필리핀 대형 쇼핑센터 입주 업체는 평균적으로 29%의 유통 마진을 받지만, 우리는 평균 19% 정도만 받고 있어 기업에게 더 이익을 준다.

Q 한국 상품 판매에 관심이 있는지?

A 우리는 중개 기업인데, 필리핀 소비자들은 한국 제품이 가격이 약간 비싸지만 품질이 좋고 합리적이라는 것을 안다. 주변에 라자다에서 제품 판매를 원하는 한국 기업이 있으면 소개시켜 달라.

Q 라자다 필리핀이 내세우는 장점은?

A 결제 시스템이다. 일반적으로 필리핀 인터넷 쇼핑몰 사이트에서는 카드

결제가 안 되지만, 우리는 카드 결제, BDO은행의 할부 시스템 적용, Cash On Delivery, Paypal 결제 등 선진국의 쇼핑몰에서 가능한 결제는 모두 도입하여 필리핀 소비자의 편의를 돕고 있다. 그래서 설립한 지 2년 만에 필리핀 제1의 쇼핑몰이 될 수 있었다.

베트남 시장,
진입을 위한 6가지 전략

이주현_ 호치민 무역관

3대 수출 대상국
베트남

베트남의 내수 소비 시장은 매년 10% 이상 성장 중이다. 연평균 6% 이상의 경제 성장률과 소득 증가에 따른 구매력 향상, 약 1억 명의 풍부한 인구, 유통 채널의 현대화 등이 베트남 소비 시장 성장의 원동력이 되고 있다.

한국의 대베트남 수출에서 소비재가 차지하는 비중은 약 8%에 불과하지만 수출액은 급격히 증가하는 중이다. 2010년 약 74억 달러에 불과했던 대베트남 소비재 수출은 2015년 약 233억 달러를 기록해 5년 만에 213% 증가했다. 또한 2016년 들어 베트남은 한국의 3대 수출 대상국으로 도약해 중국,

미국 다음으로 중요한 수출 시장이 되었다. 베트남 내수 시장에서 좀 더 적극적으로 기회를 찾고 그에 맞는 진출 전략 수립이 필요한 시점이다.

베트남 시장 진출을 위한
체크 포인트 6

베트남 시장에 진출하기 위해 사전에 확인해야 할 사항들은 어떤 것이 있을까?

첫째, 베트남 소비자를 알아야 한다.

베트남 소비자들은 자국산 제품의 품질이 떨어지며, 그 종류가 다양하지 않다는 인식을 가지고 있다. 특히 8X(땀엑스)라고 불리는 1980년대 생과 9X(찐엑스)인 1990년대 생들은 베트남의 경제 개방과 개혁 정책인 '도이머이 정책*' 이후에 태어나 한국의 2030세대와 비슷한 소비 패턴을 지닌 세대들이다. 베트남 8X, 9X 세대는 베트남 소비 시장을 주도하는 거대한 축으로, 현재 베트남의 젊은 부모 세대이기도 하다.

이 세대는 대부분 외국 브랜드에 호의적이며, 온라인 쇼핑에 대한 관심과 수요가 높다. 유튜브, 페이스북, 인스타그램 등과 같은 소셜네트워크를 활용

---

*도이머이(Doi Moi, 혁신) 정책 : 1986년에 추진된 베트남의 개혁·개방 정책이다. 올해로 30주년을 맞은 도이머이 정책은 베트남 사회·경제 개발에 큰 기여를 한 것으로 평가된다.

한 문화가 형성되어 있어 향후 베트남 소비 시장에서 잠재력이 높은 계층으로 평가된다.

둘째, 타깃 시장을 선정해야 한다.

남부의 호치민과 북부의 하노이는 사회·경제적으로 베트남에서 차지하는 비중이 절대적이다. 하지만 1,700km에 이르는 물리적 거리가 있어 역사, 문화, 경제 발전 과정, 기후 조건 등이 판이하게 다르다. 이 두 도시의 소비자들은 지출 규모, 의사 결정 과정, 소비 습관 등에서 많은 차이를 보인다.

호치민은 베트남 최고의 경제 도시로서 글로벌 유통 기업 및 프랜차이즈 1호점이 대거 진출해 있다. 그뿐만 아니라 외국 투자 기업이 가장 많이 들어와 있으며 시민들의 소득 수준(호치민 시 1인당 GDP 5,538달러) 또한 높다. 특히 호치민에서는 소비 문화에 대해서 관대하다.

하노이는 베트남의 수도로서 한류 영향력이 가장 큰 도시이다. 하노이 소비자들은 구매 결정에 매우 신중해서 진출해 있는 외국 기업들은 마케팅 활동 초기 단계에 상당한 투자가 필요하고 참을성 있게 기다려야 한다. 하지만 브랜드에 대한 충성도가 높아 한번 하노이 소비자들을 사로잡는 데 성공하면 로열티를 유지하는 것은 어렵지 않다.

호치민, 하노이와 같은 대도시를 제외한 베트남의 비도시 지역에도 진출해볼 만하다. 비도시 지역에는 베트남 전체 인구의 약 68%가 거주하며, 주민들이 아직 전통적 유통망(재래시장, 매대 판매 등)에 대한 의존도가 높다.

최근 도시 지역에 집중해왔던 소비재 기업들이 경쟁 심화를 피해 성장 잠재력이 높은 비도시 지역 시장 진출을 확대하고 있다. 닐슨 베트남 보고서에 따르면, 비도시 지역 소비자들의 가계 소득은 2012년 이후 약 44% 증가한 것으로 나타났으며, 비도시 지역의 일용 소비재(FMCG) 시장 성장률이 2014년부터 도시 지역 성장률을 추월했다. 다만 열악한 유통망, 위조 제품 만연 등은 시장 진출 시 유의해야 할 점이다.

셋째, 기진출 한국 유통 채널을 적극 활용해야 한다.

롯데, 이마트, CJ홈쇼핑(베트남 시장 점유율 1위) 등 한국 유통 대기업 대부분이 베트남에 이미 진출해 있다. 이들은 베트남에서 시장 점유율 상위권을 다툴 정도로 베트남 시장에서 선전하고 있는데, 이는 국내 중소기업의 판로 개척에 큰 기회 요인으로 작용한다. 한 예로, GS홈쇼핑의 경우 2015년 140여 종류, 총 250만 개의 한국 상품을 해외 채널을 통해 판매했는데, 그중 중소기업 상품이 80% 이상을 차지했다.

또한 베트남에 진출해 있는 외국계 유통 채널인 Aeon mall(일본계 대형 쇼핑몰), B's Mart(태국계 편의점)를 방문해보면 실제로 그 나라 제품들이 상당수 진열되어 있는 것을 확인할 수 있다.

다만 대기업 제품을 제외한 한국 브랜드 제품들은 아직 낯선 경우가 많기 때문에 베트남에서 현지 마케팅 및 브랜드 이미지를 구축하기 위해서는 많은 노력이 필요하다.

라자다 내 KOTRA 한국 상품관 운영 모습 (출처 : LAZADA 홈페이지)

넷째, 고속 성장 중인 온라인 시장에 주목해야 한다.

베트남은 지금 대도시와 젊은 세대를 중심으로 현대적 유통망이 급격히 성장하고 있다. 특히 전자 상거래 시장의 성장률이 매우 높다. 베트남 전체 인구 절반 이상이 인터넷 이용자이며, 모바일 통신 가입자 수는 1억 명이 훌쩍 넘는 등 1인당 평균 1개 이상의 모바일 기기를 가지고 있어 온라인 쇼핑 시장의 성장 잠재력은 매우 크다.

전자 상거래 시장이 성장하려면 전자 결제 시스템 활성화가 필수적인데, 베트남은 이러한 전자 결제 인프라 부족을 COD(배달과 동시에 현금을 지불하는 방식) 서비스로 극복함으로써 전자 상거래 시장의 발전을 빠르게 앞당길 수 있었다.

현재 KOTRA 호치민 무역관은 베트남 최대 온라인 쇼핑몰인 LAZADA 와 공동으로 온라인 한국 상품관을 운영하고 있다. 현재 중소기업 70개 사 600여 개 품목을 판매하고 있는데, 식품류, 스킨케어, 주방 용품, 유아 용품 등이 인기가 많다.

다섯째, 레드오션을 피해야 한다.

K-pop, 한국 드라마 등 한류 인기에 힘입어 자연스럽게 화장품 관련 상품의 판매가 증가하는 상황이다. 그러나 최근 많은 화장품 업체가 베트남 시장을 두드리면서 경쟁이 점점 심해졌다.

베트남 화장품 시장은 시세이도, LG생활건강, 로레알 등 글로벌 화장품 기업이 모든 카테고리(스킨케어, 색조 화장품 등)에서 우위를 차지하고 있다. 브랜드 인지도가 약한 중소기업 제품의 경우 수많은 중저가 제품들과의 치열한 경쟁이 불가피하다. 그러므로 차별화 없는 화장품 시장 추가 진입은 한국 기업 간의 경쟁 심화를 야기할 위험이 있다.

여섯째, '현지화'에 집중해야 한다.

2012년 베트남에 등장한 버거킹은 현재 매장을 단계적으로 폐점하면서 베트남 시장에서 철수하고 있다. 반면, 1998년 베트남에 진출한 롯데리아는 20여 년이 흐른 현재 베트남 외식 프랜차이즈 1위 브랜드로 자리 잡았다. 이 둘의 차이점은 무엇일까?

패스트푸드 업계 관계자들은 버거킹 실적 저조의 주요 원인을 현지화 실패로 지적한다. 타 브랜드보다 비싼 가격, 현지화되지 않은 메뉴를 고집함으로써 베트남 고객으로부터 외면받았기 때문이다. 이에 반해 롯데리아는 현지인들의 입맛에 맞는 메뉴 개발, 적합한 가격, 배달 서비스, 가격 프로모션 행사를 통해 현지화에 성공한 대표적인 해외 프랜차이즈 브랜드로 평가되고 있다.

베트남 외식 프랜차이즈 시장은 동남아 지역에서 가장 빠르게 성장하는 시장 중 하나이다. 현재 KFC, 맥도날드, 카페베네, 스타벅스, 커피빈, 롯데리아 등 국내외 유명 프랜차이즈가 앞다투어 진출해 있다. 해당 업체들의 성공 키워드는 '현지화'이다. 그리고 그 핵심은 적절한 가격과 현지 입맛을 반영한 메뉴 개발이다. 수입 식자재에 과도하게 의존한다거나 글로벌스탠다드에 대한 집착을 하지 않아야 베트남 시장에 성공적으로 안착할 수 있다.

시장 선점을
위한 제언

한편 베트남에서 제조업 분야로 투자 진출해 있는 기업들은 매년 10% 이상 상승하는 인건비 때문에 불안해한다. 그러나 다른 시각에서 보면, 이는 베트남인들의 주머니에 돈이 더 많이 들어가서, 그 돈으로 소비를 늘려가고, 결론적으로 소비 시장이 더 안정적이 되는 과정으로 볼 수 있다.

이를 인지한 태국, 일본, 싱가포르 등은 베트남의 내수 소비 시장을 선점하기 위해 과감한 현지 기업 M&A 행보를 보이며, 유통·서비스 부문 투자를 늘려가고 있다.

우리도 이제 베트남을 해외 수출 제조 기지로서만 바라보던 시각에서 벗어나 시장으로서의 베트남의 가치를 재평가해야 할 시점이다. 베트남에는 공장만 있는 것이 아니다. 베트남에서는 스타벅스도 잘 나간다.

미얀마,
"10배 비싸도 한국 상품 좋아요."

기현하_ 양곤 무역관

미얀마 소비 시장의
잠재력

　　미얀마 플라자(Myanmar Plaza)는 주거 단지, 쇼핑몰, 오피스가 함께 있는 복합 쇼핑몰로 최근 미얀마에서 가장 핫한 플레이스로 손꼽힌다. 미얀마 사람들은 미얀마 플라자에 있으면 싱가포르에 있는 것 같다고 말한다. 미얀마에도 고급 소비를 할 수 있는 공간이 생긴 것이다. 1,269달러(EIU 보고서, 2015년 기준)의 낮은 소득 수준의 미얀마가 예상과 달리 높은 소비력을 가진 시장으로 주목받고 있다.

미얀마 플라자 전경 (출처 : 양곤 무역관)

미얀마인들의
라이프스타일

　　　　　미얀마는 본인의 소득 수준에서 부담될 수 있는 자동
차, 핸드폰 등에 대한 소비가 높은 편이다. 미얀마 소비자의 고급 소비 성향
은 ①낮은 저축률, ②낮은 기대 수명, ③높은 주택 보유율 때문인 것으로 분
석된다.

미얀마 저축률은 17.2%(IMF 자료, 2013년 기준)로 태국(26.3%), 인도네시아 (30.6%), 베트남(31.1%), 방글라데시(29.8%), 필리핀(29.8%) 등 동남아 주변국 에 비해서 매우 낮다. 이는 부족한 금융 인프라, 불안정한 금융 정책 등으로 은행에 대한 신뢰도가 낮기 때문이다.

미얀마 노동이민주민부에서 2014년에 발표한 인구 조사 보고서를 보면 미얀마 사람의 기대 수명은 평균 66세로 싱가포르(83세), 베트남(76세) 등 동 남아 주요국에 비해 매우 낮다. 이는 5~6개월의 긴 우기, 열악한 의료 시설 등이 주요 원인으로 파악된다. 평균 수명이 짧은 탓에 미얀마 사람들은 노 후 대비에 대한 인식이 낮은 편이다.

또한 미얀마 사람들은 내 집 장만에 대한 스트레스를 받지 않는다. 2014 년 미얀마 인구 조사 보고서에 따르면 개인별 주택 보유율이 86%, 무료 주 택 거주율이 2%, 정부 및 회사에서 제공하는 사택 거주율이 5%로 집이 없 어 임대해서 사는 미얀마 국민은 단 7%에 불과하다. 물론 전기, 물 등이 잘 나오지 않는 집이 대부분이지만 월세, 전세에 대한 걱정은 없는 것이다.

이처럼 노후 준비, 내 집 장만에 대한 부담이 없는 미얀마 국민들은 전반 적으로 미래를 준비하기 위해 불안한 은행에 저축하기보다는 쓰면서 사는, 현재의 삶을 즐기는 성향을 가지고 있다. 이 때문에 낮은 소득 수준에도 불 구하고 품질 좋고, 맛 좋고, 편리한 물건과 음식을 소비하는 '고급 소비 성 향'을 나타내는 것이다.

고급화 전략이
통하는 나라

　　　　　　　　　　미얀마 소비재 시장은 저가 상품 및 서비스가 대중화되어 있다. 그래서 미얀마 사람들은 중·고급의 제품과 서비스를 갈망한다. 어느 정도 소비를 할 수 있는 미얀마 소비자는 질 좋은 상품, 맛있는 음식을 먹기 위해 태국, 베트남, 싱가포르 등 주변 국가로 여행을 간다.

　이러한 미얀마 '고급 소비 성향'을 파악하여 미얀마 내수 시장 진출에 성공한 우리 기업들이 있다. 대표적으로 미얀마 플라자에 매장을 연 송월타월을 들 수 있다.

　송월타월은 '고급화' 전략으로 미얀마 진출에 성공했다. 송월타월의 현지 판매 가격은 13,000짯으로 현지에서 일반적으로 파는 타월보다 10배 이상 비싸다. 그럼에도 불구하고 송월타월 매장은 별다른 홍보 전략 없이 입소문만으로 월평균 매출 5,000만 원을 기록하고 있다. 하루 평균 400~500명이 매장을 방문하며, 한 번 구매한 경험이 있는 고객이 해당 제품에 만족하고 1~2주 뒤 재방문하여 더 많은 타월을 구입하는 실정이다.

　송월타월의 인기는 제품이 고가임에도 월등한 품질이 통한 것으로 보인다. 미얀마인들은 1년에 5~6개월 이상의 긴 우기를 보내기 때문에 고품질 타월의 뽀송뽀송함에 매우 높은 만족감을 느낀 것이다. 또한 송월타월 첫 구매 고객에게 직원이 방문하여 제품의 특징을 설명해주는 서비스의 덕도

한국 드라마를 시청하는 미얀마 가족 (출처 : 양곤 무역관)

보았다고 할 수 있다. 이처럼 가격이 비싸지만 소비자가 편리한 생활을 하게 도와줄 수 있는 고급화된 필수품이 미얀마 시장에서 '통'하고 있다.

한류 프리미엄 붙는 한국 제품

전 세계가 K-pop에 열광하고 한류 바람이 부는 것처럼 미얀마에서도 10여 년 전부터 「주몽」, 「대장금」 등 우리나라 드라마를 중심으로 한류 붐이 불고 있다. 미얀마 대표 방송 채널인 Channel7, MRTV4 등

선물하기 좋게 포장한 송월타월
(출처 : 양곤 무역관)

유가네 세트 메뉴를 들고 사진 찍는
미얀마 연예인 (출처 : 유가네 미얀마)

에서는 저녁 시간대에 한국 드라마를 방영하고 있다. 미얀마 소비자들은 방송을 통해 자연스럽게 한국 드라마를 접함으로써 한국 문화와 삶을 동경하고 체험하고 싶어 한다.

닭갈비 프랜차이즈인 유가네 또한 미얀마에 진출하여 좋은 반응을 얻고 있다. 유가네는 미얀마에 방송된 드라마 중 유가네에서 촬영한 부분을 매장에서 틀어주고 한국 매장과 동일하게 인테리어를 했다. 그래서 미얀마 손님들이 "마치 한국에서 먹은 것 같다."는 반응을 유도하는 마케팅 전략을 썼다. 미얀마 소비자들은 SNS를 통해서 이를 알리기 시작했고, 인기를 끄는 요인이 되었다. 2014년에 미얀마에 진출한 유가네는 2년 만에 지점을 5개로 늘렸다.

미얀마는 모바일 시장이 해마다 크게 성장하고 있다. 특히 미얀마 소비자들은 페이스북 이용률이 높다. 먼저 진출한 우리 기업들은 미얀마 소비자들이 페이스북에 새로운 포스팅을 올리는 것을 좋아하는 점을 포착하여 SNS를 적극적으로 활용하고 있다.

송월타월은 수건을 케이크처럼 꾸며 선물용으로 판매하고 있으며, 유가네는 작고 귀여운 그릇에 담은 세트 메뉴를 개발하여 SNS로 홍보하기 좋은 전략을 펴고 있다. 현재 미얀마에 진출한 기업은 가장 먼저 페이스북 계정을 오픈하고 위치와 연락처를 알린다. 그리고 제품에 대한 설명, 가격 등을 페이스북에 사진과 영상 등으로 올려 이용자들에게 홍보한다.

미얀마 시장의
도전 가능성

현재 미얀마에서 '고급 소비 성향'은 대부분 양곤 지역에 밀집되어 있다. 이 때문에 미얀마 진출 기업은 좁은 범위 안에서 치열하게 경쟁하고 있다. 하지만 미얀마 내수 시장에는 고급화 전략으로 발굴할 수 있는 영역이 넓어서 우리 기업들이 도전해볼 만하다.

미얀마는 대부분의 상품과 서비스가 품질이 낮고 값이 저렴하기 때문에 노 브랜드(No brand)여도 우리 기업만의 가치를 만들어갈 가능성이 매우 높다. 롯데리아가 햄버거 프랜차이즈로서 최초로 미얀마에 진출했을 때 어려움이 많았지만, KFC가 들어와 있는 현재에도 미얀마 내 No.1 햄버거 프랜차이즈로 손꼽히는 것처럼 말이다.

물론 현지 파트너와의 관계 때문에 사업에서 실패하는 일도 있다. 앞으로 미얀마 시장은 개발할 것도, 헤쳐 나갈 것도 많지만 얻을 것이 더 많은 것만은 분명하다. 미얀마 시장은 우리 중소기업과 중견 기업들이 이미 잘 알려진 선진 브랜드들과 동등하게 경쟁하고 기회를 잡을 수 있는 '평등한 시장'인 만큼 우리 기업의 주목이 필요한 시점이다.

인도 시장에서 필요한 마술, '파이샤 바술'

장진영_ 뭄바이 무역관

인도 소비자의 가치관

미국과 유럽에서 성공한 기업이라고 해서 반드시 인도에서 성공한다는 보장은 없지만, 인도에서 성공한 기업은 미국과 유럽에서 성공할 가능성이 매우 높다. 만약 인도에서 승승장구한 비결이 '파이샤 바술'에 근거한다면 세계 어디에서도 100% 성공할 수 있다고 해도 과언이 아니다.

인도 소비자들은 가격 대비 가치와 질의 완벽한 조화를 경험할 때 '파이샤 바술'이라고 말한다. 이를 단순하게 표현하자면, 지불하는 돈(Paisa)에 대해 보상(Vasool)이 확실하다는 의미로 소비 활동에 대한 최고의 칭찬이자 헌사이다.

통신서비스 회사 Telenor 광고 문구. "삶은 파이샤 바술로 가득 차 있다." (출처 : 구글)

파이샤 바술을 우리식으로 표현하면 가성비에 해당한다. 인도 소비자들은 파이샤 바술을 마치 좌우명과 같은 금과옥조로 생각하는데, 이는 단순히 돈을 쓰는 데 인색하다는 의미가 아니라 가치가 있다면 더 지불할 용의가 있다는 의미로 해석하는 것이 바람직하다.

파이샤 바술의
성공 사례

파이샤 바술을 잘 활용하여 성공한 사례는 주로 화장품 분야에서 쉽게 찾아볼 수 있다. 예를 들어 고드레지(Godrej)그룹은 염색약을 3그램씩 최소 포장으로 개당 7루피(약 20센트)의 초저가 제품으로 출시하였는데, 이것이 소비자들에게 인기를 끌어, 현재 인도 내 염색약의 약 65%의 시장 점유율을 기록하고 있다.

이후 화장품 업계에서 신제품을 출시할 때 소포장과 1달러 미만의 가격은 파이샤 바술을 위한 전략의 황금률이 되었다. 소비자 입장에서는 최소한의 쌈짓돈만 투자하여 새로운 제품을 경험할 수 있고, 회사 입장에서는 부담 없는 구매를 유도하여 파이샤 바술이라고 입소문이 나면 수백만에 달하는 고객들의 구매 효과를 기대할 수 있는 것이다.

파이샤 바술은 언뜻 쉬워 보이지만 적용하기가 단순하지 않다. 실제로 파이샤 바술 전략이 성공하기 위해서는 적절한 생산 능력과 유통 네트워크가 뒷받침되어야 하기 때문이다. 소비자들이 원하는 가치에 대한 기업의 창조적인 상상력이 전제되지 않은 단순한 저가 전략은 시장에서 지속적인 성장을 기대하기 어렵다.

인도 시장에서의
성패 사례

일본계 TV 제조 업체 아카이(赤井)는 경쟁 업체의 최대 40% 수준까지 가격을 낮춘 컬러 TV로 인도 시장에 진출한 지 18개월 만에 14%까지 시장 점유율을 확대했으나 이후 한국 가전제품에 밀려났다. TV 트렌드가 평면 LCD로 변화하면서 인도 소비자들은 무조건 가격만 싼 일본 제품보다 가성비가 높은 한국 제품을 선택했기 때문이다. 낮은 가격뿐 아니라

'메이드 인 재팬 프리미엄'이 있다 해도 파이샤 바술을 이길 수 없다는 것을 잘 보여준 대표적인 사례라고 할 수 있다.

한국의 쌍용자동차를 인수하여 우리에게도 잘 알려진 인도 마힌드라 자동차의 SUV 차량인 '스콜피오'도 파이샤 바술의 좋은 사례로 볼 수 있다. 이 차는 동급 경쟁 차종과 같은 사양을 갖추고 있으면서 가격은 절반에 불과하다. 인도인들은 '가성비 좋은' 싼 차를 원하는 것이지, 가장 싼 차를 원하는 것이 아니다.

장기 불황을
이기는 전략

세계 최대의 스마트폰 격전지라 할 수 있는 인도에서 시장 점유율 1위는 아직까지 삼성이다. 하지만 어쩌면 앞으로 인도 로컬 스마트폰 업체인 마이크로맥스(Micromax)에게 그 자리를 뺏길지도 모른다. 마이크로맥스가 삼성의 인도 중저가 모델인 '갤럭시 J' 시리즈보다 10~15% 가량 가격이 더 저렴하면서도 모바일 게임에 필요한 메모리는 오히려 더 성능이 좋다는 입소문을 타고 학생들을 중심으로 선풍적인 인기를 끌고 있기 때문이다.

마이크로맥스의 성공은 소비자들이 원하는 점이 무엇인지 정확하게 알고 이를 제품에 신속하게 적용했기에 가능했다. 이처럼 파이샤 바술은 입증만

되면 골리앗 같은 거대 글로벌 기업과도 경쟁할 수 있다는 점에서 큰 시사점을 준다.

보스턴컨설팅그룹에서는 차세대 떠오르는 시장으로 아프리카, 라틴아메리카를 예상하고 있는데 현재 이들 지역의 인구가 26억 명에 달하며, 2050년까지 13억 명의 인구가 더 늘 것이라는 전망을 그 이유로 들고 있다. 이는 주요 선진국 도시 인구가 같은 기간 1억 명에 불과하다는 수치와 비교할 때 더욱 더 설득력 있게 들린다.

파이샤 바술은 인도에서만 통하는 마법의 만트라(주문)는 아닐 것이다. 세계 시장의 장기 불황 속에서 살아남으려면 차별화된 경쟁 전략, 즉 삶의 지혜가 필요한 시점이라 할 수 있다.

중국,
"이제 영양가 없는 라면은 안 먹어요."

이맹맹_ 칭다오 무역관

중국 소비자들의 구매 추세

중국인들의 건강에 대한 인식이 높아지면서 라면은 소비자들의 마음속에 '영양가 없는', '건강하지 않은' 음식이라는 이미지가 생겼다. 2015년 중국 라면의 실제 판매액은 490.91억 위안으로, 전년 대비 6.75% 하락했다. 통계에 의하면 중국 현재 22개 라면 판매 기업 중 6개 기업이 이미 라면 시장에서 낙오되었으며, 2015년 13개 기업은 생산량을 감소시켰다.

빵, 인스턴트식품 등 가공 식품의 판매량도 크게 감소했다. 중국구매자보고 데이터에 따르면, 2015년 포장 식품의 판매량은 지속적으로 하락하는 추세이다. 케이크, 아이스크림 등의 판매량도 모두 11% 이상 하락했다.

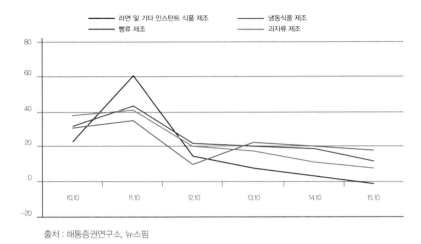

출처 : 해통증권연구소, 뉴스핌

중국 식품류 매출(누계) 전년 대비 증가율

식품 시장의
수요

지난 10년간 중국에서는 식품 안전과 관련한 문제가 많이 발생했다. 이에 중국 소비자들은 식품 안전을 더욱 중요하게 생각하게 되었고, 가정에서 먹는 식품과 음료를 구매할 때도 건강과 안전을 최우선적으로 고려하게 되었다.

컨설팅 회사 맥킨지가 조사한 데이터에 의하면, 과일 주스를 구매하는 중국 소비자 비율은 2% 증가한 반면에 탄산음료, 껌, 아이스크림, 서양식 패스트푸드를 구매하는 소비자 비율은 큰 폭으로 하락했다.

또한 소비자들의 건강 기능 음료와 천연 식품에 대한 수요도 점점 더 증가하고 있다. 조사 기관 닐슨은 2015년 기능성 음료 판매량이 전년 대비 약 7.6% 상승했으며, 과일 주스는 약 4.7% 상승했다고 밝혔다. 요거트 판매량도 전년 대비 20% 이상 상승하였다. 중국 성인의 약 90% 이상이 유제품에 들어 있는 유당의 분해·흡수가 충분히 이루어지지 않는 유당 불내증을 가지고 있는데도 불구하고 중국 소비자들 사이에서 요거트가 큰 인기를 끈 이유는 건강에 좋다는 인식 때문이다.

이처럼 현재 중국 소비자들은 천연·건강 요소를 고려한 제품과 건강한 생활 방식을 원하며, 식품 안전 문제 또한 매우 중시하고 있다. 2015년 닐슨의 중국 연구에 의하면, 중국 소비자들은 건강하고 편리한 식품이라면 제품의 평균 가격보다 2.5배 넘게 지불할 용의가 있는 것으로 나타났다.

스포츠 시장의 성장

중국 소비자들의 건강한 식품에 대한 관심은 정기적인 건강 검진과 취미 스포츠로도 이어지고 있다.

중국 육상경기협회의 웹사이트에 따르면, 2016년 중국 내에서 총 186회의 마라톤 경주를 개최했는데, 이는 2015년의 134회보다 52회나 많은 수치이다. 이 중 풀코스 마라톤 87회, 하프코스 69회, 10km 15회 외에 100km,

75km, 50km, 5km 대회도 있다. 인간의 한계로 불리는 '울트라'마라톤인 100km 마라톤 대회는 9회나 개최할 예정이다. 즉 전국 각지에서 평균 이틀에 하루는 마라톤 대회가 열리는 셈이다.

이 때문에 스포츠 용품 브랜드 또한 빠르게 성장하고 있다. 2015년 안타(安踏), 리닝(李宁), 터부(特步), 361°, 피커(匹克), Kappa 등 스포츠 브랜드의 영업 이익과 순이익이 모두 대폭 증가했다. 이 중 안타는 111.26억 위안의 영업 이익과 24.7%의 성장률로 선두를 달리고 있다. 독일 브랜드인 아디다스의 2015년 중국 판매량은 약 18%나 증가하였다.

영국의 시장 조사 기관 유로모니터(Euromonitor)는 2020년까지 중국 스포츠웨어 시장은 사치품 시장을 넘어서서 매년 두 자릿수 퍼센트로 증가하여 2,808억 위안에 달할 것으로 예상했다.

건강관리 서비스 시장

중국 소비자들의 건강한 생활 방식에 대한 관심이 증가하면서 많은 사람이 전자 기기를 통해 자신의 건강 상태를 체크하는 추세이다. 중국 소비자의 30%는 스마트폰이나 태블릿 어플로 자신의 신체 활동량을 확인하고 있으며, 74%는 건강관리를 위해 웨어러블 기기를 구매할 의사가 있다고 밝혔다.

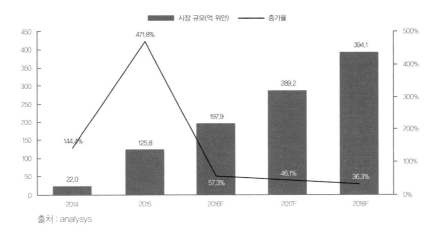

출처 : analysys

2016~2017년 중국 웨어러블 기기 시장 규모 예측

조사 기관 잉민터(英敏特)는 64%의 중국인들은 정기적인 운동을 건강한 생활의 중요한 부분으로 생각한다고 밝혔다. 이는 2014년 51%보다 상승한 수준이다. 이제부터 기업은 소비자들의 건강을 고려한 제품을 출시해 소비자들로부터 호감을 얻어야 한다.

컨설팅 회사 Analysys의 분석에 의하면, 웨어러블 기기가 소비자들에게 보편적으로 사용되면서 2015년 중국 웨어러블 기기 시장의 규모는 125.8억 위안에 달했다고 한다. 2015년 애플워치가 중국에 출시되면서 전체 웨어러블 기기 시장 규모에 큰 영향을 끼쳤다.

그 밖에도 중국 경제의 발전, 생활 수준 향상과 인구 고령화에 따른 상업 건강보험 시장의 미래가 밝을 것으로 보인다. 건강 보험에 가입하는 중국인들이 갈수록 늘어 2015년 중국 상업 건강 보험 보험료 수입은 2,410억 위안이었으며, 2012년부터 2015년까지 상업 건강 보험의 보험료 수입은 각각 동기 대비 25%, 30%, 41%, 51% 증가했다.

관련 시장의
성장 잠재력

현재 중국 소비자들은 건강과 자연을 중시한다. 그들은 식품 소비 습관을 변화시키고 있으며, 건강한 식품을 소비하기 위해 더 높은 가격을 지불할 자세가 되어 있다. 경제 발전과 소득 증가에 따라 중국 소비자들의 건강에 대한 요구는 의식주행 등 생활 곳곳에서 나타나고 있다.

중국의 건강 관련 시장은 성장 잠재력이 크다. 우리 기업들은 중국 소비자들을 위해 식품 안전과 건강한 생활 방식을 반영한 제품과 서비스를 개발하고 제품이 건강한 몸과 생활에 이롭다는 것을 알기 쉽게 증명하여 만족감을 안겨주어야 한다. 이는 바로 알리바바 CEO 마윈의 "기회는 사람들이 원망한 곳에서 발견된다."라는 말과 일맥상통한다.

미국 포장 식품, 90초 안에 눈길을 잡아라

이성수_ 댈러스 무역관

미국 소비 계층의 성향

　　미국은 현재 실업률 감소, 최저 임금 상승, 이자율 상승 및 유가 하락 등으로 소비 시장이 커지고 있다. 이 추세는 식품 시장을 중심으로 확산되고 있다. 특히 주요 소비 계층으로 주목받고 있는 '밀레니얼(Millennial) 세대'의 소비 시장 규모가 2020년까지 1조 달러를 넘어설 것으로 예상해, 이들의 소비 성향 파악이 식품 업체들의 중요한 화두로 떠오르고 있다.

　이에 못지않게 중요한 소비 집단으로 'Z 세대'도 있다. 이들 역시 밀레니얼 세대와 함께 미국 전체 인구의 과반수를 차지하고 있어, 미국 소비 시장에서 주요 타깃이 된다.

밀레니얼 세대와 Z 세대의 소비자 특성 비교

구분	밀레니얼 세대	Z 세대
나이	1980~2004년 출생한 20~37세	2005년 이후 출생한 19세 미만
인구 비중	24.5%	25.9%
연간 구매 규모	1.3조 달러	440억 달러
특징	경험을 통한 제품 구매 선호 희소성 및 맞춤 제품 선호	가구의 구매 결정에 큰 영향력 행사 제품의 이미지에 주목

출처 : KOTRA '미국 시장 핵심 소비계층 공략 방안'

포장 식품의
시장 현황

　　　　　미국 통계청의 연간 인구 추계(2015년 7월 기준)에 따르면, 아시아계 인구는 2010년 미국 인구 통계에 비해 18.6% 증가했는데, 이는 미국에서 증가율이 가장 높은 인종으로 조사됐다. 또한 퓨 리서치(Pew Research Center) 연구에 따르면, 아시아계 이민자의 수는 꾸준히 증가하고 있고 2065년에는 아시아계 미국인이 15%에서 38%까지 증가할 것으로 예상한다. 이에 따라 미국 주요 마켓에서는 아시안 식품 코너를 확대하고 있으며, 월마트의 관계자는 매장 내 아시아계 제품을 20~30% 확대할 계획으로 아시아 제품 수입에 큰 관심을 기울이고 있다.

　이에 한국 포장 식품 업체는 현지 기존 대형 마켓뿐만 아니라 차별화된 제품을 선호하는 홀 푸드(Whole Food Market), 센추리 마켓(Century Market), 트레이더 조(Trader Joe's) 등으로의 진출까지 고려해볼 수 있다.

그렇다면 미국 소비자들이 선호하는 포장 식품의 트렌드는 무엇일까? 소비자가 식품을 선택할 때 걸리는 시간은 약 90초라고 한다. 90초의 승부를 위해서 전력을 다하는 미국 포장 식품을 통해 현재의 트렌드를 살펴보자.

2017년 미국
포장 식품 트렌드

클린 라벨(Clean Label)

요즘 미국 소비자들은 포장 식품을 고를 때 무엇을 기준으로 할까? 최근 미국 소비자들은 인공색소와 향 첨가 유무가 식품 선택의 중요한 요소로 작용하고 있다. 시장 조사 전문 기관인 엔피디 그룹(NPD Group)은 미국 소비자 60%가 천연(Real, Natural) 재료를 선호하고 이에 식품 업체들은 천연재료 사용뿐만 아니라 제품 포장에 이러한 정보를 명확하게 노출하고자 열을 올리고 있다고 밝혔다.

주요 식품 기업인 네슬레(Nestle) USA, 허쉬(Hershey), 제너럴 밀즈(General Mills) 등은 대부분의 생산 제품에 천연색소와 향을 사용하고, 카인드(Kind), 애니즈 내추럴(Annie's Natural), 스키니팝(SkinnyPop) 등은 제품 포장 전면에 천연재료 라벨을 강조하면서 소비자들에게 신뢰를 주고자 한다.

또한 2016년 7월 7일 미국 상원에서 유전자조작원료(GMO) 표기 요구 법안이 통과됨에 따라 향후 식품 제조사들은 제품 포장에 직접적인 단어나 마크, 바코드 등을 표기할 의무가 있다. 이에 '무유전자조작원료(Non-GMO)' 라벨 표시 여부가 소비자들의 선택을 좌우할 확률이 높아졌다.

클린 라벨 (출처 : 댈러스 무역관)

스낵화(Snackification)

밀레니얼 세대는 일주일에 3일 정도는 간단한 식사를 선호한다. 유로모니터(Euromonitor)에 따르면, 21~35세 연령대의 소비자인 밀레니얼 세대는 간편한 식단에 관심이 높아서 이들을 타깃으로 한 스낵화된 포장이 주목받고 있다. 스낵화 시장은 지난 5년간 연 2% 성장했고, 밀레니얼 세대의 자녀 세대인 Z 세대에도 큰 인기를 얻을 것으로 내다보고 있다. 이에 스낵화 포장 식품은 프리미엄(Premium), 내추럴(Natural), 고급(Gourmet) 식재료를 사용한 식품들이 주목받을 전망이다.

스낵화 (출처 : 댈러스 무역관)

싱글 포션(Single Portion)

미국 연방경제부 소비자 지출 조사에 따르면, 1인 가구의 연간 지출은 3만 4,471만 달러로 부부 가구의 1인당 지출인 2만 8,017달러보다 높게 나타났다. 시장 조사 기관 스타티스타(Statista)는 2017년에는 1인 가구가 3년 전보다 39% 정도 증가할 것으로 전망하고 있다. 이에 따라 냉동 및 즉석 식품의 싱글 포션 포장 제품 출시가 두드러지고 있다. 또한 포장 식품 업체들이 소스, 향신료, 음료 등 다양한 식품에서도 싱글 포션으로 된 제품으로 시장을 공략할 것으로 보인다.

싱글 포션 (출처 : 댈러스 무역관)

한국 식품 업체의
현황과 과제

현지 한국 식품 업체 바이어들은 한국에서 생산된 포장 식품이 맛과 질에서 미국 현지 생산 제품에 뒤지지 않고, 한국 제품을 경험한 소비자들은 큰 만족감을 표하고 있다고 한다. 하지만 한국 포장 식품에 대한 홍보 부족 및 현지 주요 마켓을 통한 시장 진출이 아직은 미약한 단계여서 미국 소비자들에게 친근하게 다가가지 못하고 있다.

그러므로 미국 시장 진출을 희망하는 업체라면 미국 소비자들이 선호하는 새로운 포장 트렌드를 주목할 필요가 있다. 한국 포장 식품들이 클린라벨, 스낵화, 싱글포션을 활용하여 더욱 적극적으로 미국 시장에 진출하기를 기대해본다.

사회가 불안해서
호신 용품 사는 오스트리아인들

김현준_ 빈 무역관

오스트리아의
신규 틈새시장

생각지도 않았던 국제 정치적인 변수로 새로운 틈새시장이 생기는 경우를 심심치 않게 발견할 수 있다. 최근 유럽을 강타하고 있는 난민 사태와 관련하여 일반인들에게는 다소 생소한 시장이었던 총기류 같은 호신용 장비 부문이 오스트리아에서 틈새시장으로 떠오르고 있다.

오스트리아는 전통적으로 범죄율이 낮으며, 치안 면에서는 세계 톱클래스에 속하는 국가이다. 그러나 2010년대 들어서 동유럽 국가들의 EU 가입으로 이들 국가들에 문호가 개방된 이후 도난이나 강도 등 범죄 건수가 크게 증가하는 양상을 보이고 있다.

이러한 사회 환경의 변화로 인해 CCTV 카메라, 보안 강화 출입문(디지털 도어락 등) 등으로 대표되는 보안 장비 시장이 2000년대 후반부터 지속적으로 성장해왔다.

특히 2015년 하반기부터 전 유럽을 휩쓸고 있는 난민 사태는 오스트리아 시장에 또 하나의 새로운 트렌드를 형성하고 있는데, 바로 총기류 등 호신용 제품에 대한 관심 증가이다. 이제는 개인들이 단순한 보안 강화 차원을 넘어 직접적인 신변 안전을 위한 대책 마련에 나서기 시작했다는 신호인 것이다.

급증하는
총기 면허 신청

한국과 마찬가지로 오스트리아에서도 총기류를 소지하기 위해서는 관련 부처에 총기 소유 면허를 신청하여 발급받은 후 관련 총기를 등록하는 절차를 거쳐야 한다. 관련 업무를 관장하는 오스트리아 내무부(BMI) 자료에 따르면, 2016년 8월 1일 기준으로 오스트리아의 총기 면허 소지자는 총 283,569명, 등록된 총기의 수는 총 961,342정인 것으로 집계된다.

이는 해당 용품의 증가 추세가 가시화되면서 언론의 주목을 받기 시작했던 2015년 10월 1일의 256,321명, 901,917정과 비교하면 각각 27,248명

(+10.6%), 59,425정(+6.6%) 증가한 수치로 해당 증가분이 10개월 동안 발생한 것임을 감안할 때 매우 가파른 증가 추세라 할 수 있다.

오스트리아 내무부 관계자에 따르면, 총기 면허 소지자 숫자는 최근 몇 년 동안 거의 변동 없이 일정했다. 이는 해당 면허에 대한 수요가 사냥·레저에 한하는 특성을 보여주는 결과이다. 그런데 2015년 4사분기 들어 총기 면허 및 등록 총기류 수 측면에서 다소 '비정상적인' 특이한 증가 추세가 나타나기 시작했다. 이 현상은 장기적인 내수 경기 침체와 최근 EU의 정치·경제적 불안정성 등을 감안할 때 레저 스포츠의 하나인 사냥에 대한 관심이 갑자기 늘어난 것은 아니라는 게 일반적인 시각이다.

오히려 오스트리아 학계에서는 이 같은 사회 현상의 원인이 비슷한 시기에 발생한 중동 난민 사태에 있다는 분석을 내놓고 있다. 2000년대 중반 이후 동유럽 국가들에의 국경 개방 이후 범죄율이 증가한 오스트리아 사회가 개인의 자발적인 신변 보호 및 관련 대책 강구라는 방식으로 최근의 난민 사태에 대응하고 있다는 분석이 설득력을 얻고 있다. 특히 난민 유입과 관련이 있는 빈, 부르겐란트, 니더외스터라이히 주 등 오스트리아 동부 지역에서 총기 소지 면허 신청이 급증하고 있다는 사실이 간접적으로나마 그것과의 연관성을 보여주는 근거라고 할 수 있다.

총기류 시장과
제조업체들

한국에는 잘 알려져 있지 않지만, 총기류 제조 부문에서 오스트리아는 일가견이 있다. 오스트리아 사냥 용품 부문 중 총·총알 등 관련 장비 부문은 연 4천만 유로의 시장을 형성하고 있으며, 비록 소폭이지만 매년 꾸준한 성장세를 보이고 있다.

특히 총기류의 경우, 고가 제품 부문에서 뛰어난 기술력 및 시장 인지도를 지닌 오스트리아 업체들이 활동하고 있다. 대표적인 오스트리아 업체로는 함부르시 야크트바펜(Hambrusch Jagdwaffen), 슈타이어 만리허(Steyr Mannlicher) 등을 들 수 있다.

함부르시 야크트바펜사는 오스트리아 남부 케른튼 주에 위치한 업체로 주로 고가의 사냥용 총기류를 생산하고 있다. 5천 유로 이상의 고가 장비를 생산·공급하고 있다. 내수보다는 수출을 위주로 하는 업체로 최대의 수출 대상국은 러시아이다. 최근 들어 수출 비중이 더욱 높아지는 추세이며, 아프리카로의 수출 물량도 빠르게 증가하고 있다.

오스트리아 중부 오버외스터라이히 주에 위치한 슈타이어 만리허사는 종업원 규모가 100명이 넘는 대형 업체로 사냥용, 스포츠·레저용 총기류 및 피스톨 등 다양한 종류의 총기류를 생산·공급하고 있다. 최근에는 폴란드 등 동유럽 시장에서의 매출이 빠르게 증가하고 있다.

함부르시 야크트바펜사의 MM002 (출처 : 함부르시 야크트바펜사 홈페이지)

호신 용품 시장의
성장 가능성

유럽 난민 사태의 장기화, 최근 유명 관광지를 중심으로 증가하고 있는 소프트 타깃 테러 등 사회 불안 심리의 확대와 맞물려 유럽인들이 느끼는 불안감 및 신변 보호 욕구는 앞으로 당분간 더욱 강해질 것으로 예상된다. 자신의 신변 안전을 공권력에 의지하기보다는 스스로 해결해야 한다는 인식이 빠르게 확산되고 있기 때문이다.

이에 총기류 이외에 가스총, 호신용 스프레이 및 심지어 경호견에 이르기까지 개인 신변 보호와 관련한 다양한 제품에 대한 관심이 빠르게 증가하고 있다. 그중에서 2016년에는 호신용 스프레이 제품의 성장세가 눈에 띈다.

물론 그 수요 계층의 제한성으로 인해 관련 제품을 생산하는 업체들이 상대적으로 많지 않은 것은 사실이지만, 최근의 사회 변화와 맞물려 떠오르는 '틈새시장'으로 성장하는 오스트리아 총기류 등 호신용 장비 및 제품 시장에 우리 관련 기업들이 관심을 가지기를 기대한다.

"화장품은 성분이 중요해요."
덴마크의 자연주의

임성주_ 코펜하겐 무역관

덴마크의 라이프스타일과 관련 산업

　　　　　최근 한·중·일 등 아시아 국가를 중심으로 단순하고 실용적이면서 자연 친화, 친환경을 강조하는 덴마크 디자인이 큰 인기를 얻고 있다. 자연을 지키는 것에서 나아가 공존하고 호흡하고자 하는 북유럽인들의 삶의 방식은 가구, 패션, 생활 소품뿐 아니라 정부 정책이나 산업 전반에 깊숙이 자리 잡고 있다. 이 같은 라이프 스타일은 향후 북유럽 시장 경제를 특징짓는 가장 중요한 테마로 작용할 것이다.

　　덴마크는 북유럽 국가 중에서도 일찍부터 환경 친화형 엔지니어링과 산

덴마크 풍력 발전 단지

업 디자인 강국으로 두각을 나타냈다. 1970년대부터 세계에서 가장 먼저 '저탄소 도시' 프로젝트를 추진해 덴마크 산업 전반으로 퍼져나갔고, 2015년 기준 20% 이상의 에너지를 풍력 발전 등 재생 에너지에서 충당하고 있다. 덴마크는 2050년까지 이산화탄소를 배출하지 않는 전 세계 최초의 탄소 중립지가 될 것을 선언한 바 있다.

생활 속에서도 덴마크 사람들은 직장인의 3분의 1 이상이 자전거를 타고 출퇴근하고 퇴근 후에는 다수가 클럽 체육 활동에 참여하는 등 환경, 웰빙 문화를 사회 전반에서 구현하고 있다. 덴마크는 북유럽식 사회복지 국가답게 전 국민에게 무상 의료 혜택이 제공되는 것은 물론이고 생활체육, 노인, 장애인 복지에 힘을 쏟고 있어 앞으로 웰빙, 헬스케어 관련 산업의 비중도 계속 커질 전망이다.

자전거를 이용하는 덴마크인들

유망 산업
분야와 전망

헬스케어 산업

덴마크의 헬스케어 산업 중 최근 성장하고 있는 분야는 '의료용 일회용품 시장'이다. 일반적으로 의료용 일회용품 하면 의료용 장갑, 주사기 같은 일반 소모품을 떠올린다. 그러나 최근에는 내시경, 수술용 장비 등에서도 일회용품이 확산되고 있다.

예를 들어 혈압기에서 팔을 감싸는 띠는 환자들의 땀과 출혈로 쉽게 오염될 수 있어 점차 일회용품으로 대체되는 추세다. 수술 시 봉합하기 위해서 사용하는 스킨 스테이플러(Skin Stapler)를 제거할 때 이용하는 리무버도 위생상 편리하고, 기구를 세척하는 데 드는 인건비보다 저렴해서 일회용품 사용이 늘고 있다.

복지 · 실버산업

복지 및 실버산업 관련 로봇 기기에 대한 관심도 높다. 2016년 EU 통계 자료에 따르면 덴마크 임금, 물가 수준은 EU 회원국 중 1위를 차지했을 정도로 인건비에 대한 부담이 커서 이를 대체하려는 수요도 클 수밖에 없다.

덴마크 역시 고령화 사회 진입으로 노인 인구가 급증하고 있으며, 다양한 노인 복지 정책을 활발히 시행하고 있다. 대부분의 노인은 독립성과 존엄성을 지키려 요양 시설보다 자택에서 스스로 생활하는 것을 선호하기 때문에, 이들을 위한 로봇 수요가 꾸준히 늘고 있다. 2015년에는 약 90%에 달하는 덴마크 지방 정부가 관련 인건비를 줄이기 위해 로봇 청소기 구매 의사를 밝힌 바 있고 식사용 로봇, 디지털 비데, 천장 부착 승강 장치, 목욕 및 변기용 전기 의자, 전동 휠체어 등의 로봇이나 복지 기술 제품 시장이 커지는 추세이다.

피트니스 산업

건강을 위한 피트니스 산업도 사회체육, 생활체육을 강조하는 덴마크의 주요 산업으로 비중이 계속 커지고 있다. 덴마크 역시 국가적으로 비만 인구 증가로 의료비 부담이 증가되어 피트니스 활동 장려 및 비만 근절 캠페인 활동이 활발하다. 직원들의 병가에 따른 손실 절감을 위해 기업들은 피트니스센터를 이용하는 직원에게 월 이용료를 할인해주는 복리후생 제도를 실시하고, 노인 복지 비영리 단체도 피트니스센터와 협약을 맺어 노인 회원에게 할인 혜택을 제공하는 등의 지원도 늘고 있다.

스포츠 용품 전문 체인점인 Sport Master 관계자에 따르면, 피트니스 관련 의류 및 운동 기기 매출이 최근 꾸준히 늘고 있다고 한다. 그중에서도 파라벤 등 유해 물질이 없는 안정성 높은 친환경 제품에 대한 선호도가 높고, 더 다양하게 신체를 사용할 수 있게 하는 케틀벨, 문에 거는 고무 튜브 같은 다용도 운동 기구들이 인기를 끌고 있다. 게다가 현재 피트니스 시장은 소수 브랜드가 장악하고 있어, 앞으로 새로운 아이디어를 가미한 피트니스 기구 시장의 전망은 밝을 것으로 기대하고 있다.

미용 산업

덴마크의 뷰티, 피부 미용 시장도 웰빙 관련 성장 가능성이 높은 분야이다. 덴마크 화장품 시장 규모는 연간 12억 달러로 크지 않지만 최근 뷰티, 피부 미용 관련 제품 수요가 늘고 있고, 한국산 제품에 대한 관심도 커지고 있다.

2016년에는 전 세계에서 유행 중인 뷰티 한류가 덴마크까지 상륙했다. 현지 화장품 시장은 클리니크, 랑콤 등 글로벌 브랜드가 우위를 차지하고 있지만, 한국 화장품이 덴마크 시장에 진출하면서 화장품 시장의 판도 변화가 예고된다. 아시아, 미주 내 뷰티 한류의 영향으로 세포라덴마크(Sephora Denmark), 마가쟁(Magasin Du Nord) 등 오프라인의 화장품 전문 혹은 대형 유통 매장과 다양한 온라인 숍에서 고기능성 스킨케어 제품을 중심으로 한국 화장품 판매가 시작되었고 소비자 반응도 긍정적이다.

제품 성분에 민감한 현지 정서를 고려해 친환경적 제품의 특징을 부각시킨 제품을 홍보한다면 여러 단계를 거칠 필요 없이 하나만 발라도 충분한 제품 등을 선호하는 현지 소비자 특성을 고려할 때 덴마크에서의 뷰티 한류도 기대할 만하다.

한국 기업의
시장 진출 전망

이처럼 덴마크 소비자와 기업들은 일찍부터 인간과 자연의 조화를 강조하는 환경, 웰빙 산업에 높은 관심을 기울여왔다. 그린 에너지와 에코십부터 일반 시민들의 삶 속에 녹아든 자전거, 피트니스, 유기농 화장품까지 덴마크의 친환경, 웰빙주의는 정부와 기업, 시민들이 공통으로 지향해온 가치로 향후에도 덴마크 산업과 경제를 특징짓고 발전시킬 키워드가 될 것이다.

자연주의, 웰빙, 친환경에 대한 관심은 인류 공통의 관심사로 관련 분야 선진국인 덴마크는 우리 기업의 테스트 무대가 될 수 있다. 또한 덴마크 시장 경험을 바탕으로 유럽 시장 전체로 진출하는 지렛대 역할을 할 수 있다는 점에서 주목할 만하다.

제4장

CHALLENGE
준비와 도전은 같은 말이다
새로운 변화를 선도할 세계의 도전

일본, 로봇과 드론으로
농업 위기를 돌파한다

조은진_ 오사카 무역관

일본 농업의
경쟁력 실태

일본 농업 현장이 늙어가고 있다. 농림수산성의 센서스 조사에 따르면 2015년 일본 농가 평균 연령은 67세이다. 2005년 평균 연령이 64.2세였으니 10년 만에 2.8세나 나이가 더 들었다. 농업 종사 인구도 감소하고 있다. 2005년 농업 종사 인구는 224만 1천 명이었으나, 2015년에는 175만 4천 명에 불과했다. 10년 사이에 48만 7천 명이 줄어든 것이다.

게다가 일본 농업 경쟁력은 전형적인 고비용 저효율의 문제점을 안고 있다. 쌀의 경우 일본의 10아르당 생산 비용이 13만 5,185엔으로 한국(7만 2,148엔)의 2배이지만 수확량은 거의 비슷하다. 농업 인구 감소 및 고령화,

231

낮은 경쟁력이라는 문제를 가졌음에도 그간 일본 정부는 자국 농업을 보호하는 입장에 있었다. 그러나 2015년에 저렴한 수입 농산품과 경쟁해야 하는 TPP가 타결되면서, 일본 정부는 기업과 함께 '로봇, 무인 농기계, 식물 공장' 등을 개발·실험하며 농업 개혁을 적극적으로 추진하고 있다.

농업 개혁의 기업 참여 사례

현재 일본 농업 현장에서는 기업의 참여 확대로 로봇, 드론 등 최첨단 기기가 속속 등장하고 있다. 특히 최근에 개발이 적극적으로 진행되는 기기 중 하나는 '수확 로봇'이다. 이제 막 실용화된 수확 로봇은 대규모 농장에서 재배되는 수익성이 높은 토마토나 딸기 농장에서 시험 운영되고 있다.

최근 파나소닉(Panasonic)에서 개발한 토마토 수확 로봇은 고정밀 센서와 카메라로 잘 익은 토마토를 식별하고, 두 개의 집게 모양 핸드가 토마토를 줄기로부터 잡아당겨 떼어내는 방식으로 채집하여, 토마토의 손상을 최소화한다. 이 로봇이 실용화되면 사람의 손이 많이 가는 수확 분야의 일손 부족 문제 해결에 도움을 줄 것으로 기대하고 있다. 연구 개발비를 정부로부터 보조받은 이 로봇은 2019년부터 시험 판매를 할 예정이다.

자동 주행 농기계를 개발하는 노력도 활발히 진행하고 있다. 일본의 대표적 농기계 기업 중 하나인 구보타(Kubota)는 2018년 상용화를 목표로 자동 주행 농기계 'FarmPilot' 트랙터를 개발 중이다. 이 기계는 GPS(Global Positioning System, 위성위치확인시스템) 및 IMU(Inertial Measurement Unit, 관성측정장치)를 통해 위치 데이터, 차체 데이터를 실시간으로 측정함으로써 차체의 최적 위치 등의 산출이 가능하다.

'하늘에서의 산업혁명'인 드론의 농업 참여도 기대된다. 농업용 무인 헬기 일본 최대 기업인 야마하발동기는 소규모 농지 전용 드론을 2018년부터 판매할 계획이다. 소규모 농지 전용 드론 투입으로 대규모 농가에 비해 기계화가 어려운 중소 농가에서도 기계화에 따른 효율화를 도모할 수 있을 것으로 기대한다.

토마토 주스로 유명한 식품 가공 기업 가고메(Kagome)는 일본 ICT 기업 NEC와 함께 IT를 활용하여 토마토 생산 효율화에 성공하였다. 가고메는 노지 재배 가공용 토마토 재배 시 인공위성, 드론 및 농장에 설치한 센서를 통해서 기상 정보와 토양 자료를 분석하고, 수확량을 높일 수 있는 최적의 물과 비료 양 등을 도출해내며 생육 상황을 관리한다. 가고메의 농장에서는 이 같은 방식을 활용하여 수확량이 50%나 늘기도 했다.

식물 공장 건설에
참여하는 기업들

일본에서는 식물 공장의 건설·운영에 다양한 분야의 기업이 관심을 갖고 진출하고 있다.

규슈의 2대 가스회사 일본가스는 -162℃로 냉각 액화한 LNG가 기화할 때 발생하는 냉열을 이용해서 식물 공장의 온도를 유지하는 기술로 운영 경비를 40% 줄일 수 있는 공장을 건설하고 있다. 이는 경제산업성의 '농·상공 제휴에 의한 글로벌 가치 사슬 구축 사업'에 채택되어 판로 개척 시 보조금을 받을 예정이다.

또한 일본의 산업 기계 및 에너지 기업인 JEF엔지니어링은 제조업의 공정에서 쌓은 엄정한 관리 기술로 식물 공장을 성공적으로 운영하고 있다.

식물 공장의 모습

이곳에서 생산한 어린잎 채소와 토마토를 일본 국내 소비뿐 아니라 싱가포르에 일본보다 2배 높은 가격으로 수출하고 있다.

이뿐만 아니라 도요타자동차 부품 계열사인 도요테츠 역시 식물 공장 사업에 뛰어들었다. 센서를 통해서 온도, 이산화탄소 농도 등을 자동으로 조정하고 재배 및 수확 시기를 공업적으로 관리해서 어린잎 채소를 양산할 계획이라고 발표하여 향후 행보가 주목된다.

첨단 기술 농업의
과제와 전망

일본의 첨단 기술로 수확 로봇이나 무인 농기계의 실용화가 가시화되고 있지만, 여전히 높은 가격과 비용 때문에 보급 확산에 문제가 있다. 수확 로봇의 경우 1대에 5백만 엔(한화 약 5천만 원)이고, 식물 공장은 아직은 노지 재배보다 운영 비용이 2배 정도 많이 든다. 그럼에도 불구하고 일본에서는 점점 심각해지는 일손 부족 문제의 대안으로 로봇과 무인 농기계, 식물 공장 등을 주목하고 과감한 투자를 하고 있다.

한국의 농촌 인구도 빠르게 늙어가고 있다. 통계청에 따르면 농림 어업에 종사하는 인구는 2015년 292만 4천 명으로 5년 전인 2010년 349만 9천 명보다 16.4% 감소했다. 이 기간에 20대는 30.4%, 30대는 38%, 40대는 34.7% 줄었지만, 50대는 11.9%, 60대는 3.7% 감소하는 데 그쳤다(『국민일보』 2016년 7월 23일자). 우리 농업도 농작업의 경노동화 및 자동화 실현과, IT 기술을 통한 토양 상황 맞춤별 생산 가능 로봇 및 무인 농기계 개발로 위기를 돌파할 수 있을지 활발한 논의가 필요한 시점이다.

Interview

젊은이가 희망 가질 수 있는
농업 만들고 싶어요

인터뷰 대상
이나다 신지(稲田信二)
SPREAD사 사장

Q 식물 공장을 설립하게 된 계기는?

A 일본 농업은 저출산 고령화 때문에 많은 문제를 안고 있다. 젊은이들이 힘든 농업에 종사하기 싫어하기 때문에 일손이 부족해 경작지를 포기하기도 하고, 나이든 사람이 후계자가 없어 불편한 몸을 이끌고 계속 힘들게 농사일을 하기도 한다.

나는 채소 유통기업 ㈜Trade를 2001년에 설립하여 300여 개 도매 시장과 거래하고 있는데, 이 업종에 종사하면서 일본 농업이 처한 문제점을 극복하고 새로운 생산 시스템을 만들어야겠다고 느꼈다. 그래서 2006년에 식물 공장 회사인 SPREAD를 설립하고 2007년부터 운영하기 시작했다. SPREAD의 회사 이념은 "수익성이 좋은 농업, 젊은이가 희망을 가질 수 있는 농업, 지속 가능한 농업"이다.

237

Q 식물 공장의 장점은 무엇인가?

A 식물 공장에서 생산하는 채소는 노지 채소와 달리 기후에 관계없이 안정적 생산이 가능하다. 따라서 가격 변동도 없다. 일례로 우리 회사는 한때 악천후로 노지 채소 가격이 3배 올랐을 때도 가격을 올리지 않았다.

Q 귀사의 경쟁력이 있다면, 그리고 혹시 어려움이 있었다면 무엇인가?

A 생산력과 재배 노하우를 갖춰 97%라는 높은 수확률(경쟁 타사는 70%대)을 보유하고 있다는 것이 최대의 장점이다. 사실 SPREAD 운영 이후 5년간은 계속 적자를 기록했다. 그러나 6년째 되던 해부터 수확률 97%를 달성하면서 이익이 나기 시작해서, 3년 전부터 흑자로 전환되었다.

우리 회사는 유통 회사가 설립한 최초의 식물 공장으로 채소 생산-물류-판매까지 일괄적으로 행해지는 것이 장점이다. Trade Group에서 운송을 담당하는 Cruise사에서 매일매일 신선한 양상추 21,000포기를 약 2,100개의 슈퍼마켓에 배달하고 있다. 운송 부문을 같이 보유하고 있기 때문에 소량이라도 배송할 수가 있다. 거래처 담당자에 따르면 우리 양상추는 매일 다 팔린다고 한다.

하지만 처음 운영을 시작했을 때 소비자들의 반응은 좋지 않았다. 식물 공장에서 재배한 채소의 인지도가 낮아서 '공장에서 만든 채소'라는 이미지가 있었다. 이에 '베지타스'라는 브랜드를 만들어 식물 공장 채소를 꾸준히 홍보했고 소비자의 인식도 조금씩 바뀌었다.

처음 공장이 들어설 때는 식물 공장이 아주 드물었기 때문에 지역 주민이

폐기물에 대해 걱정하면서 대규모 식물 공장 건설에 반대하기도 했다. 하지만 우리 회사는 지역 고용 창출이 가능한 점, 세계 최대 규모의 양상추 공장 건설에 따른 산업 활성화 가능성 등을 설명했고, 결국 지역 주민의 동의를 얻어냈다.

Q 향후 식물 공장 확대 계획이 있나?

A 일본 국내에서는 매일 양상추 20,000~30,000포기를 생산할 수 있는 공장을 20개까지 추가로 건설하여 하루 생산량을 50만 포기까지 확대할 계획이다. 그리고 아직까지 구체적 목표가 정해지지는 않았지만 해외에서도 생산을 늘리고 싶다.

아울러 최첨단 채소 생산 시스템을 활용해서 더욱 적은 비용으로 전 세계 어디에서나 같은 품질의 채소를 생산할 계획이다. 2017년에 이 시스템을 활용한 새로운 공장을 건설할 예정인데, 이 시스템을 통해 모종부터 수확까지 공정의 일부를 자동화해서 사람의 개입을 최소화하고 균일한 품질의 채소를 안정적으로 생산할 예정이다.

또한 물 순환 시스템, 채소 재배용 LED 조명 개발 등 새로운 기술을 도입해서 인건비 50%, 전력비 30%를 삭감하고, 물 재활용 비율은 98%까지 높일 계획이다. 이것이 성공하면 초기 투자 비용을 25% 정도 줄일 수 있어 더 적은 비용으로 더 친환경적인 재배가 가능해진다. 이러한 기술 개발 및 비용 절감으로 지금까지 농업에 종사하는 것을 기피해온 젊은 세대의 농업 도전도 쉬워지리라 전망한다.

캐나다,
핀테크 창업 붐이 일고 있다

정지원, Christine Steffler_ 토론토 무역관

캐나다의
ICT 산업 동향

캐나다는 넓은 국토 면적에 비해 인구가 3,600만 명 선에 그쳐 시장 규모가 작고 인건비가 높은 편이어서 정보통신(ICT) 산업 중 제조 분야는 발전하기 어려운 환경이다. 대신 소프트웨어와 서비스 산업이 발달했는데, 캐나다 산업부에 따르면 정보통신 산업 매출액의 약 40%가 소프트웨어 및 서비스 부문에서 발생하였다.

새로운 기술과 기법을 도입하는 데 보수적인 캐나다인답게 소프트웨어 및 서비스 부문 중에서도 핀테크* 산업 분야가 활성화하고 있다. 캐나다의 핀테크 산업은 금융 업계를 비롯하여 비금융 기업과 제휴하여 혁신적인 금

융 서비스를 제공하는 방향으로 나아가고 있다. 캐나다의 성공적인 핀테크 회사를 살펴보면서 핀테크 산업의 미래와 우리 기업이 진출할 방향을 모색해보고자 한다.

주목받는 핀테크 스타트업

한국과 달리 캐나다에서는 일반적으로 세입자들이 월세를 낼 때 개인 수표를 발행해 납부한다. 이 방법은 수표 분실 위험이 있고 매달 발행해야 하는 번거로움이 있음에도 대중화되었는데, 자동이체로 납부하려면 수수료를 내야 하기 때문이다.

이런 번거로움을 해소하기 위해서 창업한 월세 납부 대행 서비스 개발 업체 렌트물라(Rentmoola)가 성공을 거두고 있다. 렌트물라는 임차인이 렌트물라를 통해서 신용카드 또는 직불카드로 월세를 결제하면 결제 금액이 임대인에게 지급되는 체계이며, 이 과정에서 임차인은 별도의 수수료를 부담하지 않아도 된다.

핀테크 회사가 성공한 이유는 편리성, 고객 설정, 혁신성으로 정리할 수

---

* 핀테크(FinTech) : 금융(Finance)과 기술(Technology)의 합성어로, 스마트폰으로 구매 대금을 결제하는 금융 서비스이다.

렌트몰라 서비스 페이지 (출처 : www.rentmoola.com)

있다. 우선 렌트몰라 서비스는 편리하다. 홈페이지 또는 모바일 앱에 접속한 고객들은 신용카드, 직불카드 등으로 월세를 손쉽게 납부할 수 있다. 납부와 동시에 포인트도 적립되어 우버택시 호출, 커피 구매, 호텔 예약 등에 사용할 수 있다.

인터넷과 모바일 서비스 수용도가 높은 18~34세 젊은 계층을 주요 고객으로 설정한 것도 렌트몰라의 성공에 영향을 미쳤다. 캐나다 방송통신위원회(CRTC)에 따르면 18~34세 연령층은 매주 평균 25시간 정도 인터넷을 사용하며, 편리함과 실속을 중시하는 소비 성향이 강하다. 렌트몰라는 이 계층이 선호하는 부가 서비스 회사(브랜드)와 제휴하여 해외여행을 비롯한 다양한 경품 행사를 주기적으로 추진했는데, 이는 신규 고객을 늘리는 데 주효했다.

렌트물라는 혁신적인 아이디어(월세 납부 대행)를 최초로 실현한 성과를 인정받아, 2015년 캐나다 온라인비즈니스대상을 수상하고 캐나다 50대 기술 기업에 선정되었다. 또한 2016년 올해의 스타트업 기업에 뽑히는 등 캐나다 핀테크 기업 중에서 단연 주목받고 있다.

캐나다 정부의
세제 혜택

렌트물라의 성공은 캐나다 핀테크 산업의 가능성을 보여주는 대표적인 사례 중 하나이다. 2015년 기준 캐나다에는 총 100개 이상의 핀테크 관련 기업이 활동하고 있다. 세부 분야로는 디지털 결제, 크라우드펀딩, 보험, 대출, 보안 등이 있다.

핀테크 산업이 활성화된 데에는 캐나다 정부의 2013년 '벤처캐피탈 지원 계획'이 한몫을 했다. 이 계획은 핀테크를 비롯한 소프트웨어 개발을 지원하고 외국 기업 투자 유치를 적극적으로 추진한다는 내용이다. 현재 캐나다 정부는 일정 기준을 충족하는 소프트웨어 개발 업체에게 인건비, 운영비 등 최대 15%의 세액을 공제해주고 있으며, 온타리오 주 등 각 주별로 별도 세제 혜택까지 부여하고 있다.

또한 자국 중소·벤처 기업의 해외 진출을 촉진하기 위해서 액셀러레이터 프로그램도 시행하고 있다. 이 프로그램은 해외 진출 캐나다 기업에게 최대 50만 달러의 융자금 제공, 해외 사무실 임차 등을 지원하는 내용이다.

성공적인
핀테크 회사들

현재 캐나다에는 렌트몰라 외에도 성공적인 핀테크 회사가 많다. 2012년에 스코샤(Scotia) 은행이 인수하여 토론토에서 출범한 인터넷 전문 은행인 탠저린(Tangerine)도 그중 하나이다. 탠저린은 데이터 처리 기반의 플랫폼을 구축하여 저비용, 고금리 상품 개발을 실현해서 창업 3년 만에 200만 명 이상의 고객을 확보하는 데 성공했다.

캐나다 수도인 오타와에 소재한 쇼피파이(Shopify) 역시 주목받는 핀테크 회사이다. 쇼피파이는 일반인이 온라인 쇼핑몰 구축과 운영을 용이하게 할 수 있도록 온라인 쇼핑몰 호스팅 서비스를 제공하는 업체이다. 콘텐츠 관리는 물론 검색 최적화, 결제 시스템, 보안 서비스까지 제공하고 있어 고객이 상품에만 집중할 수 있도록 한 것이 성공 요인으로 꼽힌다. 2015년 나스닥(NASDAQ)에 등록한 이후 현재 자금 모집과 사업 확장에 매진하고 있다.

한국 기업의
진출 방향

　　　　　그렇다면 캐나다 핀테크 산업 활성화에 힘입어 우리 기업이 진출할 만한 틈새는 있을까? 캐나다인들 역시 최근에 각종 온라인, 모바일 결제와 거래를 많이 이용하면서 개인 정보 유출, 해킹 등의 위험에 대한 경각심이 매우 높다. 이에 따라 보안 솔루션 등 관련 서비스 및 정보 보안 시장이 빠르게 성장하고 있는데, 여기에 우리 관련 기업이 진출해볼 만하다. 기술력과 창의력을 보유한 한국의 핀테크 기업들이 캐나다 업계의 동향을 주시하고 협력 방안을 검토하는 것이 필요한 시점이다.

Interview

불편을 기회로 바꿔서
창업에 뛰어들어라

인터뷰 대상
필립 포스트레호브스키(Philipp Postrehovsky)
렌트물라(Rentmoola)사 공동창립자&대표(COO)

Q 렌트물라를 소개해달라.

A 2013년에 설립된 렌트물라는 캐나다 핀테크 스타트업 기업이다. 현재는
규모가 커져서 총 27명의 임직원이 근무하고 있다. 우리는 신용카드 및 직
불카드, 온라인 수표로 월세를 결제하는 솔루션을 제공하고 있다. 또한 보상
시스템을 도입해 월세를 결제할 때마다 할인 코드 및 쿠폰 지급, 포인트 적
립 등 1석 2조의 서비스를 제공한다.

Q 창업을 하게 된 계기는?

A 창업자에게 '아이디어'란 새로운 사업을 시작하고 팀을 구성하는 영광스
러운 시작이라고 할 수 있다. 누구나 아이디어를 가지고 있지만 이를 실행
에 옮기는 강력한 힘은 영감이다. 무심결에 지나치는 불편함을 변화시키려

는 의지가 아이디어에 활력을 불어넣는 셈이다. 나와 나의 형 패트릭은 캐나다의 월세 납부 방식에 불만이 있었다. 고민하다 보니 이런 불편이 캐나다뿐만 아니라 미국 등 선진국에도 있다는 사실을 알게 되었고 이를 기회로 역이용하여 사업에 착수하게 되었다.

Q 사업을 확장하기 위한 자금 조달은 어떻게 했나?

A 캐나다 정부는 창업 지원을 강화하고 있다. 연방 정부와 각 주 정부는 금융 지원을 확대하고 있고, 다수의 민간 단체들은 엑셀러레이터 프로그램을 제공하고 있다. 캐나다 정부는 외국 창업자들을 대상으로 비자까지 부여하니 캐나다는 (예비)창업자들에게 매력적인 곳이다.

우리는 처음에 스타트업을 지원하는 비영리 기관인 '마스디스커버리 디스트릭트(MaRS Discovery District)'의 도움을 받았다. 인큐베이팅을 해주는 기관인데 자금 지원 외에도 사무 공간 제공, 서비스 홍보, 인재 발굴, 네트워킹 등을 도와준다. 운이 좋게도 네트워킹 기회에 유능한 전문 인력을 만나게 되었고 든든한 투자자들의 지원을 받게 되었다.

Q 2016년에 5백만 달러 규모의 크라우드펀딩을 받은 비결은?

A 우리 회사는 미국과 영국으로 사업을 확장하기 위해서 크라우드 펀딩을 활용하기로 결정했다. 예상보다 많은 사람이 참여한 덕분에 캐나다에서는 최초로 5백만 달러 규모의 크라우드 펀딩 모집에 성공했다.

비법은 생각보다 간단하다. 바로 '공감'이다. 크라우드 펀딩의 투자자들은 대부분 소액을 투자하는 개인 투자자들이다. 우리는 투자자들에게 얼마의 자금이 왜 필요한가와 앞으로 어떻게 수익을 창출할 것인가에 대한 계획을 구체적으로 설명했다. 낡고 불편한 월세 납부 방식을 개선할 것이라는 우리의 진정성이 일반 투자자들의 마음을 움직인 것이다.

Q 경쟁이 치열하지는 않은가?

A 캐나다와 미국에 유사한 서비스를 제공하는 경쟁사가 있다. 그런데 핀테크 방식의 월세 납부 서비스 시장 규모는 5억 달러에 달한다. 경쟁이 치열해진다는 것은 곧 시장의 성장 잠재력이 크다는 의미이다. 결국 우리 회사가 발전할 수 있는 원동력이라고 할 수 있다. 게다가 우리 회사는 외부 기업과 다양한 방식으로 제휴하고 있어서 서비스 품질 면에서 앞설 자신이 있다.

Q 한국의 (예비)창업자들에게 조언을 한다면?

A 창업자는 늘 자금 부족에 시달린다. 세부적인 계획 없이 아이디어만 믿고 무작정 시장에 뛰어들 경우에는 실패할 위험이 높다. 초기에는 스타트업 지원 기관 등을 통해 컨설팅을 받는 것을 추천한다. 초기 자금 마련은 물론이고 노무, 세무 등 필요한 지식을 함양할 수 있는 교육 기회도 제공되기 때문에 큰 도움이 될 것이다.

만약 캐나다 진출을 염두에 두고 있다면 캐나다 정부에 직접 접촉해볼 것을 권장한다. 캐나다 연방 정부와 주 정부는 외국 기업의 투자 유치와 창업을 통한 고용 창출을 적극 지원하고 있다.

위험하지만 매력적인
중국의 크로스보더 전자 상거래

관루루, 노현재_ 텐진 무역관

중국 크로스보더
전자 상거래 성장세

최근 몇 년간 중국의 국제 간 전자 상거래의 가파른 성장세가 눈에 띈다. 2015년 중국의 대외 교역 총액은 24.6억 위안으로 전년 대비 7% 감소한 반면, 국경을 넘은 전자 상거래인 '크로스보더 전자 상거래'는 지난 3년간 평균 30% 이상의 성장을 계속하고 있다. 2012년에 2.3조 위안이었던 거래 규모가 2015년에 5.2조 위안을 기록하면서 3년 만에 2배가 훨씬 넘는 성장을 기록했다. 크로스보더 전자 상거래를 통한 교역은 전체 대외 교역에서 21%의 비중을 차지하고 있다.

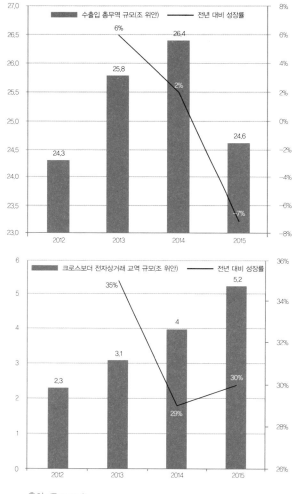

출처 : iResearch

중국 수출입 총액 및 크로스보더 전자 상거래 교역액

중국인의 소득 수준 향상에 따른 소비 행태는 수입산 제품에 대한 뚜렷한 선호로 나타나고 있다. 특히 화장품과 쥬얼리, IT전자제품 등에서 고품질로서 브랜드 이미지를 갖춘 제품을 선호한다. 또 위생·안전성 문제와 웰빙에 대한 관심이 높아지면서 식품류와 유아용품 등에서 해외 브랜드 수요가 지속적으로 늘어나고 있다. 중국 소비자들의 구매 경로도 기존의 오프라인 위주에서 온라인으로 급격히 변화한 상태다.

중국 소비자들이 크로스보더 전자 상거래 플랫폼을 이용하는 주된 이유는 제품의 품질이 보장되고 진위 여부에 대해서 신뢰할 수 있으며, 가격이 저렴하고, 자국 전자 상거래 플랫폼을 이용해서 편리하다는 점 때문이다. 이에 현재 알리바바, 징동닷컴 등 중국의 토종 플랫폼들은 국제 간 물류 배송 시스템을 갖추고 관련 시장을 장악하고 있다.

중국 정부의 정책적 지원과 조정

중국 정부는 크로스보더 전자 상거래의 발전을 위해 지난 수년간 여러 정책을 펼쳐왔다. 2014년에 해관은 전자 상거래 화물에 대한 정책적인 지원을 강화토록 하고, 정저우·항저우 등 기존 전자 상거래 시범 도시를 텐진 등 주요 항구 도시까지 확대 실시했으며, 관련 제품에 대한 관세와 통관 혜택도 시행했다.

한편 2016년에 제품 안전성을 이유로 직구 화장품에 대해서 위생 허가증을 강제하는 제도를 마련했으나, 활성화되는 전자 상거래 시장이 위축될 것이라는 우려가 있어 제도의 시행은 2017년 5월까지 유예되었다.

이처럼 중국 정부는 앞으로 전자 상거래 플랫폼의 발전을 정책적으로 지원하되, 유통 제품의 안전성과 불법 유통에 따른 탈세 등의 부작용을 정리하는 방향, 즉 크로스보더 전자 상거래 산업의 건전한 발전을 도모하고 있다.

일본 KAO사
사례로 본 시사점

2016년 6월에 "크로스보더 전자 상거래 최고 히트 상품 일본 KAO사 기저귀 가격 폭락……"이라는 글이 전자 상거래 SNS에서 떠돌았다. 일본 KAO사의 주력 제품인 L54 기저귀 가격이 2,000엔에서 1,300엔으로 급락했다는 정보였다.

크로스보더 전자 상거래 시장에서 최고 히트 상품으로 통하던 KAO사의 기저귀는 중국의 에이전트를 통해 시장에 유통되기 시작했는데, 중국 소비자들로부터 입소문이 나면서 서서히 인기를 얻었다. 중국 소비자들이 크로스보더 전자 상거래를 통해 제품을 구매하기 시작했고, 각종 전자 상거래 플랫폼에서 판매됐다.

그런데 제품이 판매되는 전자 상거래 업체 사이의 경쟁이 심해지면서

2015년 들어 제품 가격이 60~70위안 수준으로 내려갔고, 일부 업체는 파격적인 할인 이벤트를 벌였다. 이에 KAO사는 제품의 생산량을 늘려 소비자의 수요에 대응하기 시작했다. 그러던 중 2016년 초 중국 정부의 행우세 조정 정책에 따라 KAO사의 제품 가격은 110위안 수준으로 올라갔고, 가격 상승에 따라 판매율이 급감했다. 결국 재고가 넘쳐나게 되었고 제품의 가격은 폭락해버렸다.

일본 KAO사는 제품 수요가 계속 늘 것이라는 안일한 판단과 중국 정부의 정책 조정에 대한 대응 부족으로 적지 않은 손해를 봤다. 현재는 중간 에이전트를 없애고 중국 크로스보더 전자 상거래의 선두 기업인 T-mall, JD, 코알라에 직접 제품을 공급하거나 자사 직영 사이트를 개설하는 등 불필요한 단계를 줄여 중국 시장에 재도전하고 있다.

시장의 전망과
진입 시 주의사항

일본 KAO사 사례에서 볼 수 있듯이 중국 크로스보더 전자 상거래 플랫폼은 업계 경쟁이 심해 새로운 브랜드의 개발보다 기존의 인지도가 높은 브랜드 제품을 통해서 단기 수익 창출에 주력하는 경향이 크다. 이 부분은 중국 온라인 유통 시장에 진입하려는 기업들이 짚고 넘어가야 한다. 비록 KAO사는 가격에 대한 대응과 수요 예측에 실패하여 피해를 입었지만 중국에 진출하려는 타 기업에 여러 시사점을 준 셈이다.

중국 시장에서 살아남기 위해서는 단기적인 열풍에 휩싸이기보다는 중장기적인 관점에서 발전 전략을 세워야 한다. 온·오프라인의 유통 채널과의 관계, 제품 판매 가격과 브랜드 이미지 등 여러 요소들을 직접 관리하여 유통 업체의 횡포나 브랜드 이미지 하락 등 주요 사안에 대해 대응하고 일관된 자세를 견지해야 한다.

또한 크로스보더 전자 상거래 시장의 전망은 밝지만, 전통의 오프라인 시장도 포기해선 안 될 중요한 유통 채널이다. 크로스보더 전자 상거래 플랫폼은 외국 기업에게 유통 비용을 최소화할 수 있는 편리한 방법이다. 하지만 위에서 언급한 바와 같이 현재 크로스보더 전자 상거래 시장은 새로운 브랜드가 진입하여 성장하기는 힘든 구조이다. 그러므로 중국의 유통 구조와 경쟁 상황, 소비자의 행태, 정부의 정책 변화 등 다양한 요소를 면밀히 살피는 통찰과 멀리 보는 혜안이 필요하다.

장인의 나라 이탈리아,
스마트 공장으로 혁신한다

유지윤_ 밀라노 무역관

이탈리아
제조업 현황

　　"이탈리아 장인이 한 땀 한 땀 바느질해서 만들었다."는 말은 고급스럽고 품격 있는 제품을 연상시킬 정도로 이탈리아 하면 숙련된 장인의 손길로 만든 가방, 구두, 액세서리 같은 핸드 메이드 제품이 유명하다. 소규모 기업들이 지역별로 자연 발생적으로 모여서 산업 클러스터를 형성한 이탈리아는 부가가치형 제조업, 즉 장인 문화의 본산지로 알려져 있다.

　이탈리아는 최근까지 기나긴 경제 위기 이후 침체된 산업 기반을 재구축하기 위해서 돌파구를 찾고 있었다. 중국, 베트남 등 저가 제품 생산국과의 경쟁이 심화되어 생산성 향상에 대한 고민이 많아지고, 이탈리아 제조업 자동화에 대한 필요가 전반적으로 증가했기 때문이다.

이탈리아산업 4.0
활성화

최근에 이탈리아의 한 일간지에서는 2016년 세계경제포럼(WEF)에서 논의된 '제4차 산업혁명의 이해' 내용을 대서특필하며, 세계가 새로운 기술 혁명에 직면해 있음을 강조했다. 이탈리아의 산업 4.0은 이탈리아 제조업의 부활을 위한 청사진을 제시하며, 과거의 옛 영광을 재현할 수 있다는 희망을 품게 한다.

현재 이탈리아의 산업 4.0은 제조업 전 분야에 걸쳐 진행되고 있다. 이탈리아 경제개발부는 2014년 3월부터 사비티니 법안을 시행하여 중소기업의 기계·설비·장비 투자를 유도하고 있다. 이 법안은 2021년까지 총 3억 8,580만 유로를 투자하여 중소기업이 설비 투자를 위한 대출 시 5년간 연 2.75%의 저금리 상환을 하도록 하는 내용이다.

정부의 노력으로 이탈리아는 2015년에 전체 산업 투자의 10%인 12억 유로를 스마트 공장 구축에 사용했다. 이탈리아 전체 업체의 3분의 1이 사물인터넷(IoT, Internet of Things)을 기반으로 한 클라우드공장, 선진자동화, 적층제조 등의 프로젝트를 진행하고 있다. 그 효과는 기계, 자동차를 비롯한 식품·가구·화학까지 이탈리아의 전 산업에 걸쳐 나타날 것으로 전망한다.

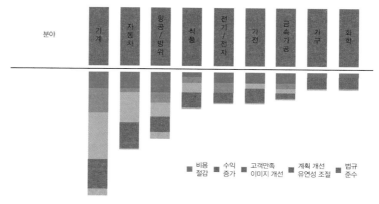

출처 : Osservatori.net

제조업 분야별 산업 4.0의 기대 효과

4차 산업혁명의 비전

이탈리아는 중소기업이 전체 기업의 99%를 차지한다. 따라서 빠르게 변화하는 산업 환경은 이탈리아 기업들의 양극화를 초래했다. 설비 투자가 불가능한 중소 영세 제조 기업은 자동화의 물결 속에서 도태했고, 이는 산업 전반의 경쟁력 약화와 영업 손실로 이어졌다.

그러나 4차 산업혁명으로 네트워크가 회사나 공장 안에만 머물러 있지 않고 지역사회, 더 나아가 사회 전반에 걸쳐 구축된다면 중소기업은 새로운 활로를 모색할 수 있다. 특히 이탈리아같이 지역별로 특화된 클러스터의 강점을 가진 국가에서는 기업 간 네트워크의 합병·통합으로 IoT를 활용한 새로운 생산 체계 구축이 가능하기 때문이다.

무엇보다 중소기업의 판, 즉 4차 산업혁명으로 새로운 형태의 기업 간 협력 모델 개발이 가능하다. 즉 중소기업 간에 표준화된 시스템으로 상호 커뮤니케이션이 가능해지면, 클러스터 전체의 생산성 향상을 도모할 수 있을 뿐 아니라 지역사회의 노동 시장 성격이 '생산 중심'에서 '관리 중심'으로 바뀔 것이다.

인프라 마련을 위한 정부의 투자

현재 이탈리아의 4차 산업혁명을 위해서 가장 시급한 것은 인프라 마련이다. 인프라가 마련되어야 중소기업의 초기 투자에 대한 부담이 줄고, 효율적으로 4차 산업혁명을 확산시킬 수 있기 때문이다. 이에 이탈리아 정부는 앞으로 15년간 매년 100억 유로 규모를 투자해서 제조업 분야에 IoT를 결합하고, 시스템 통합을 위한 표준화에 돌입할 예정이다. 또한 IoT 산업과 적층제조 등 혁신 분야 스타트업 지원으로 젊은 인재들의 기술 개발을 독려하고 있다. 이탈리아 경제개발부에서는 스타트업 기술 개발과 상용화를 위해 스마트 앤 스타트 이탈리아 제도를 통해 총 2억 유로의 예산을 지원하고 있으며, 성장 2.0으로 스타트업 활성화를 꾀하고 있다.

이는 이탈리아 정부가 제조업을 살리고 국가 경제를 회복하기 위해서 시행한 필요 불가결한 조치이며, 중소기업이 사회의 근간을 이루는 이탈리아에서 미래 경쟁력 향상을 위한 투자이기도 하다.

한국의
제조업 혁신 전쟁

이탈리아를 비롯하여 세계는 지금 제조업 혁신 전쟁에 돌입해 있다. 장인 문화의 전통을 자랑하던 이탈리아도 이러한 제조업 혁신 전쟁에 뛰어들어 뒤처진 시간을 만회하기 위해서 정부와 산학이 함께 힘쓰고 있다. 이러한 혁신은 제조업에 그치지 않고 산업 전반으로의 변화로 연결될 가능성이 높다.

한국도 '제조업 혁신 3.0' 전략을 통해 제조업의 스마트화를 추구하고 있으며, IT 기술의 선진 강국으로 IoT 분야를 집중 육성하고 있다. 또한 스마트 공장 구축 지원 프로젝트를 통해 중소·중견 기업에게 비용 지원 정책을 펼치고 있다. 그러나 우리의 혁신이 제조업 분야에만 국한되어선 안 된다.

4차 산업혁명이 몰고올 새로운 시대는 산업 전반에 대한 혁신을 이야기하고 있다. 가상현실로 상품성을 확인하고, 인공지능으로 실시간 R&D 반영이 이루어지며, 이로 인해 생산 라인의 즉각적이고 유연한 대처가 가능한 시스템은 결코 먼 미래의 이야기가 아니다. 이러한 4차 산업혁명의 흐름 속에서 한국의 제조 기업, 특히 중소 제조 기업이 어떠한 방향으로 나아가야 할지 긴 안목을 가지고 한국형 신비즈니스 모델 개발에 박차를 가해야 할 것이다.

스위스의 파워 국가 브랜드 관리법
Swiss Made

남기훈_ 취리히 무역관

국가 브랜드의
효과

프랑스 향수, 이탈리아 구두, 일본 가전제품, 미국 영화 등은 각 나라별 대표 제품이라는 이미지가 있다. 이러한 국가와 제품에 대한 연상 작용은 국가 브랜드의 한 예이다.

한류라고 일컫는 한국 문화 콘텐츠의 세계 진출 역시 단순히 우리 국민들에게 자부심을 안겨주는 데 그치지 않는다. 최근 이슈가 되고 있는 K-Beauty에서 엿볼 수 있듯이 한국이란 국가 브랜드의 향상은 해외 소비자의 한국에 대한 친밀도와 우호도를 향상시켜 한국산 제품의 전반적인 수출 기반 확대라는 결과로 이어지기 때문이다.

스위스 국가 브랜드의 위상

글로벌 조사 기관인 GFK가 매년 발표하는 NBI(국가브랜드지수)*에 따르면 스위스의 순위는 2015년 기준 전년과 동일한 8위이다. 1~7위는 2015년 기준 미국, 독일, 영국, 프랑스, 캐나다, 일본, 이탈리아 순이다. 한국의 절반 크기의 영토에 인구가 8백여만 명밖에 안 되는 나라가 세계에서 내로라하는 선진국과 당당히 맞서고 있다.

스위스 국가 브랜드가 실질적으로 어떤 영향을 끼치는지에 대해 생갈렌(St. Gallen)대학 등이 연구한 결과가 'Swissness worldwide 2016'이라는 제목으로 발표되었다. 이에 따르면 세계 15개국 약 8천 명을 대상으로 진행한 동 조사에 따르면 설문자 중 52~89%는 타 국가 제품에 비해 스위스 제품을 선호하였다. 럭셔리 시계 제품의 경우 일반 가격의 2배를, 치즈나 화장품의 경우 1.5배의 가격을 지불할 의향이 있는 것으로 나타났다. 여러 산업을 종합한 결과, 스위스 제품은 타 국가 제품에 비해 약 40% 수준의 프리미엄이 붙는 것으로 조사되었다(출처 : http://nation-brands.gfk.com/ 2016).

---

* NBI(국가브랜드지수, Nation Brands Index) : Anholt-GFK Nation Brands Index는 세계 주요 국가별 브랜드 파워를 6가지 지표를 종합하여 산출하여 매년 발표한다. 평가 지표는 정치, 수출, 관광, 투자·이민, 문화·역사, 사람(친절함, 관용 등 이미지)이다.

'스위스다움'
법안 마련

　　　　　　　그간 스위스 기업들은 스위스 십자가(빨간 바탕에 흰 십자가)
와 같은 시각적 이미지뿐만 아니라 스위스산임을 나타내는 문구 등을 통해
마케팅에 스위스 국가 브랜드를 적극 활용해왔다. 그러나 이 '스위스산'의
오·남용으로 인해서 스위스의 국가 이미지가 많이 훼손되었다. 이에 2013
년에 스위스 정부는 Swissness(스위스다움) 법안을 통과시켰고, 동 신규 법
안은 2017년 1월부터 발효할 예정이다.

　동 법안의 주요 골자는 스위스와 스위스 국기 상표의 보호를 강화하는 것
이다. 기업이 제품이나 서비스에 이를 사용하기 위해서는 특정 기준을 준수
해야 한다. 예를 들면, 치즈 제품에 스위스산이라는 표기를 하려면 우유의
80% 이상이 스위스 원산이어야 한다. 공산품의 경우에는 제조 비용의 60%
이상이 스위스에서 발생해야 한다.

　이 같은 분야별 Swissness 충족 조건은 자연 제품·식료품·공산품·서비
스 네 가지로 분류되고, 각 제품별 관련 조항은 제조 비용과 연구 개발 비용
의 기준을 제시하는 등 엄격하다. 또한 스위스 국기를 표시하는 기준과 사
용 범위도 제한하고 있다. 국기 표시에 대한 규정을 살펴보면 다음 페이지
에 제시한 것과 같다.

　한편 Swissness 표기와 통관을 위한 원산지 표기법은 서로 다르다. 후
자는 우리가 보통 생각하는 무역·통관 관련 원산지 표기법에 해당하고, 전

스위스 국기 표시

스위스 국기	스위스 정부 문양(coat of arms)

– 기존에는 서비스 상표로만 사용을 허용하였으나 2017년부터 제품에 직접 표시하는 것도 가능하다. Swissness법의 스위스산 표시 기준에 따라 해외 생산 제품에 이를 사용하는 것은 불허한다.
– 적십자 표시와 혼동될 여지가 있는 특정 제품이나 서비스인 경우 사용을 불허한다.
– 스위스 국가에서 사용하는 방패 형태의 공식 문양과 유사한 변형된 문양들은 이미 허가된 정부, 칸톤 등에서만 사용할 수 있다.

자는 제품 또는 서비스의 마케팅 용도로 스위스 국가 브랜드를 사용하는 것에 해당한다. 예를 들어 국제 원산지 표기법에 따르면 스위스 국적선이 인도양에서 생선을 잡으면 이는 스위스산으로 통관이 되지만, Swissness법에 따르면 제품 설명 및 홍보 시 스위스 국기를 쓰거나 스위스산임을 홍보하는 것은 금지된다.

국가 브랜드 관리법의
기대 효과

'Swissness'는 우리의 국가 브랜드 관리 방식에서 본받아야 할 중요한 사례이다. 스위스 정부는 직접적인 산업 규제가 아니라 소중

한 지적재산권인 스위스의 국가 브랜드를 사용할 수 있는 기준을 제시하는 간접적이지만 매우 효과적인 전략을 택했다. 이는 국가 브랜드를 관리함으로써 그 나라의 제품 품질까지 관리할 수 있는 방법이다.

마케팅에 'Swissness'를 사용할 의사나 여력이 없는 기업은 이번 규정으로 사용하지 못할 수 있지만, 스위스 수출 기업 입장에서는 프리미엄이 높은 국가 브랜드를 쉽게 포기할 수 없을 것이다. 이 규제가 산업적으로 잘 풀린다면 시장 경제와 정부 통제가 절묘한 균형을 이룬 사례로 남을 것이다.

한국의 국가 브랜드는 갈 길이 멀다. 아직 인지도 자체를 넓히는 단계에 있지만, 한류 문화 콘텐츠라는 첨병이 있고 반도체·자동차 부품·미용같이 한국 제품이 두각을 나타내는 분야가 뚜렷하게 있다. 그러므로 정부와 기업들은 거시적인 차원에서 다음 단계를 준비해야 한다. 이를 위해 스위스 국가 브랜드 관리법은 벤치마킹할 만한 중요한 사례임에 틀림없다.

e – 모빌리티로
차세대 에너지 강국 준비하는 독일

이호빈_ 함부르크 무역관

독일의
e-모빌리티 환경

날씨 예보만큼 미세 먼지 지수를 체크하는 사람이 늘었다. 2016년은 유례없는 폭염으로 지구촌 곳곳이 몸살을 앓았다. 이제 지구가 당면한 기후변화는 피부로 직접 체감하는 문제가 되었다.

독일은 수십 년 전부터 '에너지 전환(Energiewende)'이라는 친환경 정책을 통해서 화석연료나 핵연료를 사용한 전기 생산을 지양하고, 풍력이나 태양력 등 재생 에너지를 활용하는 발전 형태를 적극 추진해왔다. 최근에 독일 정부는 이에 한 발 더 나아가 이산화탄소 배출 등 환경 공해의 주범인 길거리 교통수단을 친환경적으로 변화시키는 데에 노력을 기울이고 있다. 수

년 전부터 본격 추진하고 있는 e-모빌리티* 확대 지원 정책이 그것이다.

전기 자동차 시장의
지원 정책

총 규모가 15억 유로에 달하는 독일의 전기 자동차 시장 지원 정책은 크게 네 가지로 나뉜다. 첫째가 전기 자동차량에 대한 구입 보조금 지원, 둘째가 세금 면제, 셋째가 충전소 인프라 건설, 넷째가 다양한 e-모빌리티 프로젝트 운영이다.

첫째, 전기 자동차 지원 정책의 핵심인 전기 차량 구입 보조금 지급 제도는 2016년 7월 1일에 전격 확정되었다. 지원 금액은 순수 전기 구동 차량이 4,000유로, 플러그인 하이브리드 차량이 3,000유로이다. 보조금 재원은 정부와 산업 분야에서 각각 50%씩 분담한다.

또한 독일 정부는 2016년 이후 2020년까지 신규 등록하는 순수 전기 차량에 대해서는 5년간의 자동차도로세 면제를 실시하고 있다. 이는 순수 전기 자동차량으로 개조한 차량에도 똑같이 적용된다. 이에 더하여 전국에 분

---

*e-모빌리티(e-Mobility) : 전기 모빌리티(Electronic Mobility)의 준말로서 전기 동력을 에너지원으로 하는 수송 수단과 관련한 기술·인프라·시스템 등을 가리키는 용어이다. 전기철도, 전기 자동차, 전기 버스, 전기 트럭, 전기 자전거 등이 포함된다.

독일 함부르크 시 전기 차량 충전 시설(왼쪽 : 주유소 오른쪽 : 실내 주차장)
(출처 : 함부르크 무역관)

포한 주유소, 휴게소, 쇼핑센터, 카셰어링 스테이션, 철도역, 공항 등 주요 시설에 전기 차량용 충전소 1만 5천 곳 이상을 건설한다는 계획을 확정 짓고 시행하고 있다.

그 밖에도 전기 자동차 핵심 부품인 차량용 배터리 기술과 관련하여 배터리 충전 횟수 증가, 충전 시간 감소, 안전성 확보, 재충전 프로세스 최적화 등 주요 테마를 선정하고 각 테마별 기술 개발 프로젝트를 지원하고 있다.

이와 같은 지원 제도 운영을 통해 독일은 2020년까지 도로 위에 전기 자동차 1백만 대를 올리고 3,400만 톤 규모의 배출 가스를 절감시킨다는 청사진을 그리고 있다. 독일 정부의 계획이 성공적으로 진행되면 2050년부터 독일에서 판매되는 모든 차량은 이산화탄소 가스를 배출하지 않는 무공해 차량이 된다.

시장의 규모와 성장 가능성

유럽 내 최대 자동차 시장인 독일의 입지를 고려할 때 독일 전기 자동차 시장 규모는 상대적으로 작은 편이다. 2015년에 유럽에서 전기 차량이 가장 많이 등록된 나라는 네덜란드로 약 4만 3천여 대가 등록되었으며, 독일은 노르웨이와 영국에 이어 4위에 불과하다.

독일 전기 차량 시장이 기대만큼 성장하지 않은 데에는 여러 원인을 꼽을 수 있지만, 특히 1회 충전 시 전기 차량의 짧은 기동 거리 문제가 가장 크다. 독일은 유럽 한복판에 위치한 데다 고속도로 인프라가 잘 발달되어 있어 독일 운전자들은 장거리 이동에 익숙하다. 따라서 1회 충전으로 이동할 수 있는 거리가 짧은 전기 차량은 부담일 수밖에 없다.

하지만 독일 정부의 전폭적인 지원을 바탕으로 독일 전기 자동차 시장에 조금씩 변화의 바람이 불고 있다. 2011년에 2천여 대에 불과하던 독일 내 전기 차량 수는 2015년에는 1만 8천여 대 수준으로 9배 이상 증가했다.

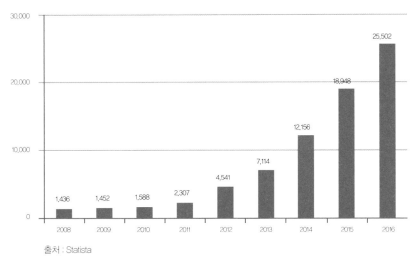

출처 : Statista

독일 순수 전기 차량 등록 대수(누적)

독일 자동차 기업들 또한 미래 전기 자동차 시장을 잡기 위한 여러 계획들을 내놓았다. 폭스바겐그룹은 2020년까지 20여 종이 넘는 전기 자동차 모델을 생산하고, 2025년까지 자사 모델의 25%가량을 전기 자동 차량으로 대체한다는 내용의 '전략 2025'를 발표한 바 있다. 이미 폭스바겐은 순수 전기 자동차 모델인 E-골프를 3만 4천유로 대의 저렴한 가격에 출시했고, 2019년까지 자사 SUV 모델 및 폴로(Polo), 업(Up) 등 중소형 모델에 전기 배터리 엔진을 적용한다. BMW는 이미 2013년에 순수 전기 자동차 모델인 i3와 하이브리드 차량 i8을 시장에 내놓아 좋은 반응을 얻은 바 있다. 폭스바겐과

BMW 양사 모두 최근에는 자율 주행 기능을 갖춘 전기 차량의 상용화에 초점을 맞추고 있다.

친환경 운송 수단
관련 비전

친환경 운송 수단에 대한 선호는 독일 사회 전반에 널리 퍼지고 있다. 그중에서도 독일 소비자들의 사랑을 가장 많이 받는 운송 수단 품목은 전기 자전거이다. 전기 자전거 시장은 2010년 이후 한 해 평균 20%가 넘게 규모가 늘어나면서 2015년에는 50만 대 이상의 전기 자전거가 판매되었다.

화물용 전기 트럭도 독일에서 더 자주 운행할 전망이다. 독일의 대표 트럭 제조사인 만(MAN)에서도 2016년 가을에 전기 트럭 모델을 선보인다. 아직 디젤 트럭에 비해 차량 구입 비용이 비싸고 1회 주행 범위가 100km에 불과하다는 단점이 있으나, 연료비가 절감되고 배출 오염 물질이 디젤 차량에 비해 현저히 적다는 점에서 트럭 제조사들은 기술 개발 경쟁을 계속하고 있다.

독일 정부 기관들도 e-모빌리티 활용에 적극 나섰다. 독일 헤센 주는 쓰레기 수거용 차량을 하이브리드 차량으로 대체하는 데 65만 유로를 투자한다. 또한 헤센 주 안에 인기가 높은 관광 코스에 대여용 전기 자전거와 충전

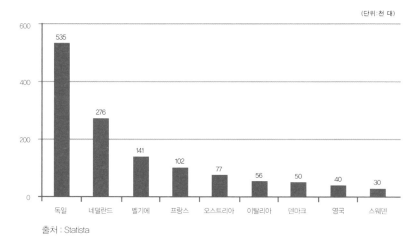

(단위:천 대)

출처 : Statista

유럽 나라별 전기 자전거 판매 대수(2015년)

소를 다수 늘려 관광객들의 발을 붙잡을 계획이다.

함부르크 교통국은 벨기에 전기 차량 제조사 반 훌(Van Hool)사와 2016년부터 전기 버스를 공급받는 계약을 맺었다. 함부르크 시는 도시 환경 보전을 위하여 2020년까지 시내 주행 중인 버스 1,500여 대를 모두 무공해 전기 버스로 교체할 계획이다.

이처럼 독일은 정부의 정책적인 지원과 비전을 통해 e-모빌리티의 주요국으로 발돋움하고 있다.

한국의
e-모빌리티 산업 전망

우리나라에서도 e-모빌리티에 대한 관심이 뜨겁다. 이미 2009년에 우리 정부는 전기 자동차 시장 활성화와 보급 확산을 위한 구체적인 추진 과제를 내놓은 바 있다. 또한 국내 주요 배터리 제조사들은 전기 배터리 분야에서 독일 기업들보다 우위를 점하고 있으며, 최근 독일에서 발주한 프로젝트에 적극 참여하고 있다. 피할 수 없는 세계적 흐름으로 다가온 e-모빌리티 분야에서 국내 산업의 성장과 도약을 기대해본다.

고부가가치 창출하는
호주의 그린 스타 빌딩

강지선_ 멜버른 무역관

파리협정 이후의
호주 정책

2015년 파리협정*이 채택된 당시 외신들은 "인류의 화석 시대가 이날로 점진적 종언을 고했다."라고 일제히 보도했다. 2020년 이후 파리협정이 발효되면 선진국과 개발도상국의 구분 없이 모든 국가가 이 협약에 참여하게 된다. 이에 협약 당사국은 온실 가스 배출 감소, 재생 에너지와 같은 기후 변화 대응 재원 조성 등을 통해 환경보호와 함께 경제와 사회 발

---

*파리협정(Paris Climate Change Accord) : 2015년 유엔 기후변화협약 당사국총회(COP 21) 195개 협약 당사국이 파리에서 열린 총회 본회의에서 채택한 것으로 2020년 이후 적용할 새로운 기후 협약을 말한다.

전의 조화를 이루는 '지속 가능한 발전'을 추구해야 한다.

호주 역시 기후 변화에 대응하기 위해서 발 빠른 행보를 보이고 있다. 호주는 세계에서 6번째로 이산화탄소 배출량이 많은 나라로 조사되었다. 이에 2009년 8월부터 신재생에너지 타깃(Renewable Energy Target, RET) 정책을 시행해, 2020년까지 신재생 에너지 생산량을 전체 에너지의 20%까지 끌어올리기 위해서 연방 정부와 주 정부가 지속적으로 지원하고 있다.

호주의 그린 빌딩
시장 성장세

호주 그린빌딩협회에 따르면 기후 변화의 주범인 온실가스의 23%가 조명, 냉난방, 전기 기기 등을 사용하는 건축물에서 발생하고 있다. 우리가 일상적으로 이용하는 사무실, 학교, 아파트, 쇼핑센터, 병원, 호텔, 기차역, 레스토랑 등이 여기에 해당한다.

호주는 세계적으로 그린 빌딩* 시장이 안정적으로 성장하고 있는 국가로 손꼽힌다. 2015년 기준 1,060여 건의 그린 프로젝트가 진행되어 1,400만m^{2}의 면적이 그린 스타 인증을 받았다.

---

*그린 빌딩(Green Building) : 환경적으로 향상된 방법으로 설계, 건설, 운영, 철거되는 빌딩을 말한다.

호주 그린빌딩협회의 대표적인 프로젝트가 그린 스타 제도이다. 그린 스타를 획득한 빌딩의 온실 가스 생산량과 전기 소비량은 일반적인 호주 빌딩의 3분의 1에 해당된다. 이 같은 그린 빌딩은 친환경적 이득뿐만 아니라 사업체에 비용 절감 효과와 생산력 향상은 물론이고, 건강과 웰빙을 위한 문화 공간까지 선물한다.

호주 최고의
그린 빌딩 베스트 3

호주 최고의 그린 빌딩 중 가장 먼저 소개할 곳은 컨벤션센터 중 세계 최초로 6 그린 스타를 받은 멜버른 컨벤션 센터(Melbourne Convention and Exhibition Centre, MCEC)이다.

MCEC의 가장 큰 특징은 18m 높이의 외관 특수 유리를 통해 자연광이 자연스럽게 건물 안에 들어오도록 설계한 것이다. MCEC는 이로써 여름에는 호주의 뜨거운 태양열을 막고 겨울에는 태양열을 흡수해 에너지 사용을 줄이고 있다. 또한 휘발성 유기 화합물 사용을 최소화하고 친환경 자재를 사용해 실내 공기를 쾌적하게 유지한다. 이러한 친환경 콘셉트는 국제적인 이벤트를 주관하는 고객사에도 긍정적으로 작용하여 마케팅 효과를 톡톡히 보고 있다.

멜버른 도심에 위치한 RMIT대학의 스완스톤 아카데믹 빌딩(Swanston

멜버른 픽셀 빌딩

Academic Building, SAB)은 5 그린 스타를 받은 건물로 다양한 색채를 띤 화려한 외관이 눈길을 사로잡는다. 혼합형 환기 장치, 빗물 사용, 태양열 이용 온수 시스템과 같은 환경 친화적 디자인으로 에너지 효율성을 높였다.

마지막으로 그린 스타 등급 심사에서 호주 오피스 빌딩 중 최고 점수인 100점을 받아 화재가 된 멜버른의 픽셀(Pixel) 빌딩은 호주 최초의 탄소 중립형 빌딩으로 유명하다. 건물에 설치된 태양광 패널과 풍력 발전기를 통해 빌딩 내에서 사용하는 모든 전력을 자체 생산하며, 스마트 선셰이드 시스템으로 환기와 온도 조절이 가능하다. 특히 시멘트를 포함한 90%의 건축 자재를 재활용 가능한 것으로 사용했으며, 콘크리트 혼합물의 탄소 함량을 약 50% 줄이는 데 성공했다.

친환경 미래를 위한
우리의 과제

주거용 아파트 역시 친환경으로 변신하고 있다. 멜버른 시내에 위치한 히어로 아파트(총 149세대)는 50kW의 태양열 시스템을 설치하면서 그린 아파트로 변신했다. 사실 이 아파트는 건축된 지 60년 이상 된 건물로 해당 시스템 설치 비용에 10만 3,857호주달러가 들었다. 그런데 이 비용은 호주 정부의 다양한 지원 프로그램을 통해 절약할 수 있었다.

빅토리아 주 정부에서 운영하고 있는 대표적인 에너지 절약 인센티브 프로그램으로는 VEET(Victorian Energy Efficiency Target)가 있다. 이 프로그램에서 승인받은 사업체는 에너지 절약률이 높은 제품에 한해 주택, 사업체 또는 비거주 건물 등에 할인된 가격으로 제품을 판매하고 설치해주는데, 온실가스 감소율이 높을수록 인센티브를 더 많이 받는다.

이와 같이 호주 정부의 환경 규제와 함께 이에 따른 지원 정책이 매우 활발해서 그린 빌딩 건축 시장은 안정적으로 성장하고 있다. 이는 호주 국민들의 건강에 대한 관심과 환경보호에 대한 인식이 높아졌기에 가능했다. Dodge Data&Analytics의 2016년 조사에 따르면 호주에서 그린 빌딩 사업에 참여하게 된 결정적인 계기는 환경 규제(46%)와 건강한 지역사회(30%), 고객 수요(27%), 고부가가치(27%), 시장에서의 요구(24%) 순인 것으로 조사되었다. 호주 그린빌딩협회의 조사에 따르면 현재 90%의 호주 사업체가 적게라도 그린 빌딩과 관련되어 있다.

이처럼 호주의 그린 빌딩 사례들과 관련 정책을 살펴보면, 정부 및 관련 기관의 역할과 시민들의 환경에 대한 인식이 얼마나 중요한지 알 수 있다. 이제 그린 빌딩 시장은 거의 모든 산업 분야에 적용될 예정이라고 해도 과언이 아니다. 국내에서도 세계적인 추세에 맞게 정부의 환경 정책과 산업, 시민들의 적극적인 참여가 필요하다. 호주를 비롯한 그린 빌딩 시장이 성장해 있는 국가를 적극적으로 벤치마킹하여 지속 가능한 친환경 미래를 맞이할 수 있도록 정부와 모든 사회 구성원이 함께 노력해야 할 것이다.

Interview

그린 빌딩,
취지도 좋지만 '투자 가치'는 더 좋아요

인터뷰 대상
스테판 프레우스(Stefan Preuss)
SV 자원효율부 대표
제이미 월리스(Jamie Wallis)
SV 환경 건설&에너지 집행부장

Q Substantiality Victoria(SV)가 담당하는 업무와 역할은 무엇인가?

A 호주 연방 정부는 온실가스 감소와 재생 에너지 사용량을 점차 증가시키기 위해 다각도로 인센티브를 제공하고 있다. 이러한 국가 정책에 따라 각 주 정부에서는 지역에 적합한 규정과 지원 프로그램을 실행해왔다. 멜버른이 위치한 빅토리아 주 정부에서는 2005년에 SV를 설립하여 담당자들에게 실질적인 조언과 컨설팅, 교육 등을 제공하고 있다.

Q 구체적으로 어떤 프로그램이 운영되고 있으며 성과는 어떠한가?

A SV에서는 2015~2020년의 5년 단위로 전략적 계획을 잡고, 1년 단위로 목표를 세워 결과를 분석하고 있다. 개인과 가구, 사업체와 산업, 쓰레기 재

활용 그룹, 정부 단체, 학교, 커뮤니티와 함께 모든 프로그램이 효과적으로 운영될 수 있도록 지속적인 지원을 하고 있다.

프로그램은 총 4개로 이루어져 있다. 기후 변화 방지에 협력할 수 있도록 관련 지식 교육, 지속 가능한 에너지와 자원 사용 지원, 재사용과 재활용 장려, 쓰레기 배출 관리가 여기에 해당한다. 관련 사업체들의 친환경 의식이 높아지고 개인, 가구 및 커뮤니티가 점점 변화하는 사실이 조사 결과에서 나타나고 있다.

Q 호주 그린빌딩협회와 함께 프로젝트를 진행하고 있는가?

A 매우 긴밀하게 협력하며 일하고 있으며, 그린 빌딩 건설과 업그레이드 프로젝트에 노력을 기울이고 있다. 멜버른에 위치한 대부분의 관공서 빌딩이 그린 스타 인증을 받았다. SV 사무실이 위치한 50 Lonsdale Street 빌딩도 4 그린 스타를 획득하였다. 새로운 빌딩 건설뿐만 아니라 기존에 있는 건물에 에너지 시스템, 조명, 환기와 보일러 시설, 쓰레기 처리 방식 등을 친환경적으로 변경할 수 있도록 함께 지원한다.

Q SV 사무실이 위치한 그린 빌딩은 일반 오피스와 어떤 점이 다른가?

A 한 층 전체를 사용하고 있다. 총 100여 명의 직원이 근무하고 있는데 사무실 전체가 오픈 스페이스로 독립된 사무실이 없으며, 자연광을 최대한 활용한다. 조명과 에어컨, 히터는 자동 센서에 의해 조절된다. 쓰레기의 경우 오가닉(음식물), 소프트 플라스틱(비닐류), 일반 혼합 재활용(플라스틱, 유리, 알

루미늄 캔), 재활용 불가 쓰레기(커피 컵, 플라스틱 랩)로 구분하여 대형 쓰레기통 4개를 설치하여 관리한다. 복사용지의 불필요한 사용을 줄이기 위해 직원이 직접 프린터실로 와서 아이디를 입력해야 프린트가 되도록 하였다.

Q 그린 스타 빌딩 인증이 비용이 높고 시간이 오래 걸린다는 선입견이 있는데 어떻게 생각하는가?

A 과거에는 이러한 단점 때문에 꺼리는 곳이 많았지만 요즘에는 인증 기간도 단축되고 투자 대비 수익성이 높은 사례가 지속적으로 생기고 있어 그린 스타 인증을 받는 빌딩이 증가하고 있다. 운영비가 절감되고 빌딩 가치를 높여주며 일반 빌딩보다 전기를 65% 더 적게 사용한다. 그린 스타 빌딩의 온실가스 배출량은 호주의 일반적인 빌딩의 평균 온실가스 배출량보다 60% 이상 낮다. 그 밖에도 직원 또는 거주자들의 건강과 웰빙에 도움이 되며 생산력을 향상시키는 장점이 있다. 가장 큰 이득은 미래 지향적인 투자로 시장에서의 경쟁력을 높일 수 있다는 점이다.

사전 예약 폭주하는
미국 전기 자동차

원동호_ 디트로이트 무역관

미국의 전기 자동차
시장 현황

　　　　　미국 캘리포니아 주의 테슬라 자동차가 전기 자동차 50만 대 양산 계획을 발표했다. 또한 전기 자동차 전용 배터리 대량 생산을 위한 네바다 주 '기가팩토리' 공장이 일부 완공되었다. 이뿐만 아니라 2017년 출시될 보급형 전기 자동차 모델 3이 사전 예약 폭주로 소비자들의 폭발적인 반응을 불러일으키고 있다. 이제 전기 자동차 시장이 오랜 잠에서 깨어나 부활의 움직임을 보이고 있다. 눈앞으로 성큼 다가온 전기 자동차 대중화 시대를 미국 시장을 중심으로 분석, 전망해보고자 한다.

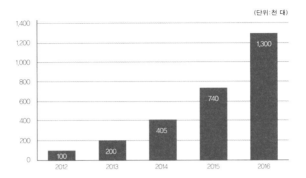

출처 : ZSW, Statista

전 세계 연간 전기 자동차 운용 대수 변화

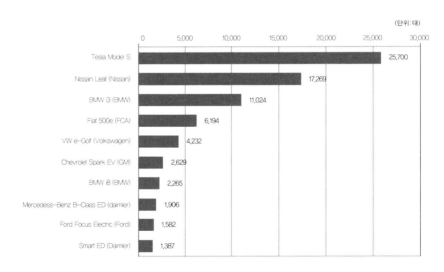

출처 : Evannex.com, Statista

2015년 미국 내 주요 순수 전기 자동차(BEV) 모델 판매량

2012년 전 세계에서 운용된 전기 자동차의 수는 총 10만여 대에 불과했다. 그러나 2015년에는 7배가 넘는 74만 대까지 증가했고, 2016년에는 총 130만 대 돌파가 예상되는 등 전기 자동차 시장은 급격한 상승세를 나타내고 있다. 이는 최근에 전기 자동차의 세 가지 고질적인 단점, 즉 짧은 주행 거리, 긴 충전 시간, 비싼 가격이 크게 개선되었기 때문으로 전문가들은 분석한다.

전기 자동차의
기술 발전 및 지원 정책

주행 거리

2015년 기준으로 테슬라를 제외한 대부분의 순수 전기 자동차(BEV)는 100% 충전 시 주행 가능 거리가 100마일(160km) 미만이다. 이 때문에 그동안 장거리 운전자들의 외면을 받아왔다. 하지만 2016년 이후 출시되는 GM Bolt 등 차세대 전기 자동차 모델 상당수는 주행 가능 거리가 200마일(320km) 이상으로 일반 내연 기관 자동차와 비교해도 충분한 경쟁력을 갖춰가고 있다.

가격

2016년 현재 닛산 Leaf, BMW i3, 피아트 500e 등 미국 시장 내 주요 전기 자동차 모델들의 판매 가격은 고급형 모델을 출시하는 테슬라를 제외하고 3만~4만 달러 수준이다. 미국 연방 정부가 제공하는 전기 자동차 구매 시 7,500달러의 소득세 감면 혜택을 감안하면 충분히 가격 경쟁력을 갖춘 상태라고 볼 수 있다.

충전 시간

전기 자동차의 오랜 충전 시간은 내연 기관 자동차와 대비할 때 고질적인 단점으로 지적되어왔다. 그러나 전기 자동차용 리튬 이온 배터리의 성능이 전반적으로 개선되어 30분 내 80% 충전이 가능한 테슬라 슈퍼차저(Supercharger) 등 급속 충전기가 개발되었고, 운전자에게 높은 편의성을

30분 만에 80% 고속 충전이 가능한 테슬라 슈퍼차저 충전소 (출처 : Flickr)

제공하는 무선 충전 기술의 발전으로 점차 해소되고 있다.

정부 지원

미국 정부의 파격적인 전기 자동차 인프라 지원 정책도 눈여겨볼 만하다. 미국 연방 정부는 전기 자동차 구매 시 7,500달러의 소득세 감면 혜택 외에, 기존 가솔린 자동차를 전기 자동차로 개조할 경우에도 4,000달러의 보조금을 지원하고 있다. 또한 2020년까지 정부 기관용으로 운용 중인 65만 5천 대 차량의 20%, 최종적으로 2025년까지 30%의 정부 차량을 친환경차로 교체할 계획이다.

한편 캘리포니아 주를 비롯한 미국 11개 주 정부는 배기 가스 무배출 차량(ZEV) 관련 법 제정을 통해 2018년형부터 완성 차 기업들에게 순수 전기 자동차나 플러그인-하이브리드 차량을 2% 이상 판매하도록 강제하고 있다. 테슬라 자동차가 전기 자동차 전용 배터리 공장을 건설 중인 네바다 주 정부는 공장 건설과 관련하여 총 13억 달러 규모의 세금 공제 혜택을 제공했다.

제조 업계의
동향 분석

테슬라 자동차

테슬라는 2015년에만 미국 시장에서 총 2만 8천 대의 전기 자동차를 판매했다. 주력 모델 S의 경우 높은 가격(기본형 판매가 : 66,000달러)에도 연간 2만 5,700대 판매로 단일 전기 자동차 모델 전미 판매량 1위를 달성하여 독보적인 위치에 있다.

1회 충전 시 215마일(346km)의 주행 가능 거리를 갖춘 테슬라의 보급형 전기 자동차 모델 3는 2017년 말에 출시됨에도 사전 주문 개시 1주일 만에 예약 건수가 32만 대를 넘어섰다. 모델 3의 가격은 35,000달러로 책정되어 고급형 모델인 모델 S나 모델 X에 비해 많은 이가 구매할 수 있다. 업계는 2017년 모델 3의 출시가 2018년 테슬라 전기 자동차 50만 대 양산 계획과 더불어 향후 전기 자동차 대중화에 큰 기여를 할 것으로 전망한다.

GM 자동차

미국 최대 규모의 완성차 제조 기업 GM은 순수 전기 자동차 Bolt를 개발 완료하여 2016년 말에 출시할 계획이다. Bolt의 예상 가격은 37,500달러로 테슬라의 보급형 전기 자동차 모델 3와 비슷한 수준이며, 100% 충전 시 200마일(320km) 주행이 가능하다.

2017년 출시 예정인 테슬라 보급형 전기 자동차 모델 3 (출처 : wikimedia.org)

닛산의 순수 전기 자동차 Leaf (출처 : wikimedia.org)

닛산 자동차

일본 전기 자동차 업계의 선두 주자라고 할 수 있는 닛산은 순수 전기 자동차 Leaf로 테슬라와 미국 시장에서 경쟁하고 있다. Leaf는 2만 9천 달러 수준의 경쟁력 있는 가격을 내세우며 테슬라 모델 S에 이어 2015년 전기 자동차 판매량 2위를 차지했다. 차세대 Leaf는 100% 충전 시 300마일(480km) 주행이 가능하며, 운전자의 편의를 높이기 위해 무선 자동 충전 기능을 갖출 것이며, 2018~2020년에 출시할 예정이다.

인공지능 자동차의
전망 진단

전기 자동차의 대중화에서 한 걸음 더 나아가 자동차의 미래가 될 인공지능 자동차도 주목할 만하다. 예전의 자동차는 운전자에게 모든 조작을 의존하는 단순한 운송 수단에 불과했다. 하지만 근래에 인공지능과 IT 기술의 급격한 발달과 도입으로 자동차도 점차 전자 제품화되는 추세이다. 이러한 트렌드를 대표하는 것이 바로 ADAS라 할 수 있다.

ADAS는 첨단 운전자 지원 시스템(Advanced Driver Assistance System)의 준말로, 운전자의 안전 운행과 편의성을 위한 각종 지원을 제공하는 기능을 일컫는다. 2020년대로 전망되는 자율 주행차 시대가 머지않은 시점에서, ADAS는 자동차가 단순한 운송 수단에서 벗어나 전면 자율 주행차 시대로 가기 위한 디딤돌과 같은 역할을 하는 것으로 평가된다.

미국 도로교통안전국(NHTSA)에서는 교통사고 예방을 위해 후방 카메라의 장착을 2018년부터 전면 강제하는 등 ADAS 기술 도입을 적극 장려하는 중이다. 특히 전면 충돌 방지 기능은 2022년까지 사실상 모든 미국 내 신차에 도입될 것이므로 관련 부품과 기술의 수요가 급증할 것이 예상된다.

이처럼 ADAS 기술 도입 가속화로 자동차가 기존의 단순한 운송 수단에서 전자화·컴퓨터화됨에 따라 IT 기업 등 외부 업체의 유입이 늘어나 산업 내 경쟁이 더욱 심해질 전망이다. 우리나라의 관련 기업도 적극적인 대응과 기회 포착을 해야 할 시점이다.

브라질로 몰려오는 중국 투자자들은 서두르지 않는다

최선욱_ 상파울루 무역관

브라질 경제의 잠재력

영국의 경제 주간지 『이코노미스트』 기자이자 중남미 전문가 마이클 레이드는 자신의 저서 『Brazil - The Troubled Rise of a Global Power』에서 "현재 브라질은 잠시 엔진을 꺼놓고 물결을 따라 표류하는 것처럼 보이지만, 사실은 엄청난 성장 잠재력을 지닌 국가다."라고 표현했다. 또한 미국 광고 대행사 Young&Rubicam이 세계 60개국을 대상으로 실시한 조사에서는 브라질이 경제 위기와 비리 스캔들 등에도 불구하고 대외 이미지가 좋은 편이며, 외국 기업에게는 여전히 매력적인 투자처인 것으로 나타났다.

브라질은 대통령 탄핵, 지카 바이러스, 치안 불안, 인프라 부족 등 각종 사회 및 경제 문제로 인해 리우올림픽을 제대로 개최할 수 없을 것이라는 우려와 달리 올림픽을 성공적으로 치러냈다. 예산 부족으로 첨단 기술이나 비싼 시설물은 없었지만, '환경보호'라는 주제로 펼쳐진 개막 행사는 브라질 자연을 닮은 색채와 빛을 활용한 퍼포먼스로 전 세계를 감동시켰다.

브라질은 올림픽을 통해 대국다운 여유로움과 인종, 생물, 자원, 문화의 다양성이 조화롭게 어우러진 '브라질만의 매력'을 한껏 발산했다. 이처럼 브라질은 매력과 잠재력이 넘치는 나라다. '마음만 먹으면 무슨 일이든 잘 할 수 있는 나라'가 바로 브라질인 것이다.

중국 투자자들의
진출과 규모

최근 2년간 중국의 브라질 기업 인수·합병이 눈에 띄게 늘고 있다. 중국은 넉넉한 재원을 바탕으로 브라질 M&A 시장에서 어느 국가보다 훨씬 여유롭게 협상을 하고 있다. 2016년 1~8월에 성사된 중국의 브라질 기업 지분 인수는 106억 달러로 2015년 투자 총액보다 2배 이상이 늘었다.

중국의 M&A 투자는 외국 기업의 전체 브라질 M&A 투자 가운데 60%를 차지할 정도로 비중이 높다. 그러나 2015년 브라질을 방문한 리커창 중

G20 정상회의에서 만난 테메르 대통령과 시진핑 주석 (출처 : Agencia Brasil)

국 총리가 약속한 투자 금액 530억 달러와 비교하면 20%를 밑도는 규모여서 향후 중국 투자는 더욱 늘어날 전망이다. 컨설팅 회사 Dealogic는 헤알화 약세와 브라질 기업들의 재정난이 중국의 투자를 유인하는 요인이 되고 있다고 분석했다.

중국의 대브라질 투자는 발전과 송배전 등 에너지 분야나 자원 개발에 편중되지 않고 갈수록 다변화하고 있다. 전통적으로 중국은 인프라와 원자재 분야에 투자를 집중해왔다. 특히 자국 산업에 필요한 각종 원자재의 원활한 공급을 목적으로 브라질 원자재 시장에 대한 투자를 지속해왔다.

그러나 중국은 최근 들어 브라질 내수 시장을 겨냥한 투자로 관심을 넓히고 있다. 2015~2016년에 중국의 대브라질 투자 프로젝트 10건 중 3건이 항공, 금융, 자동차 분야였다. 중국은 자동차, 백색 가전 등 내구성 소비재 투자 및 소매 유통 분야 진출도 검토하는 것으로 알려졌다. 중국 투자에 대한 높은 기대감을 반영하듯 브라질 정부는 무역투자진흥기구(APEX) 내에 중국 무역 투자 유치팀 설치도 고려하고 있다.

정부의
경제 회생 방안

현 브라질 테메르 정부가 구상하는 경제 회생 방안의 핵심은 공기업의 민영화와 다수의 인프라 프로젝트 발주를 통해 외국 기업의 투자를 적극적으로 유치하는 것이다. 테메르 정부는 외국 투자 유치만이 공공 부채를 줄일 수 있다는 생각이 확고하다. 따라서 공공 입찰 참가 규정을 완화하고, 세제 인센티브를 확대해서 외국 기업의 브라질 진출을 늘릴 계획이다.

테메르 정부의 '투자 프로젝트 패키지'는 공항 민영화 및 기존 시설 확충, 도로·철도 신규 건설 및 기존 구간 확대, 항구 민영화 및 터미널 건설, 통신 인프라 확충 등을 포함하고 있다. 주로 브라질 경제 회생을 위해 하루 속히 해결해야 하는 인프라를 보강하는 사업이다. 이뿐만 아니라 페트로브라스 비리와 국산 부품 의무 규정으로 현재 거의 정지 상태인 유전 개발도 재개할 계획이다.

테메르 정부가 추진하는 인프라 프로젝트의 상당 부분은 이미 지우마 정부 때 구체적인 사업 내용을 확정해 추진하던 것인데, 대형 건설사들이 줄줄이 연루된 페트로브라스 비리 스캔들 때문에 발주 일정이 늦춰진 경우다. 테메르 정부는 이 사업들을 우선으로 발주한다는 방침이다.

한편 테메르 정부는 관료주의적 행정 절차를 간소하게 하여 공공 입찰 과정을 단축하고, 민간 투자 유치를 늘리기 위해서 투자 협력 프로그램(PPI, Programa de Parceria de Investimentos) 전담 부처도 설치했다. PPI는 정부가 내건 입찰 조건을 충실하게 이행하면 기업에게 확실한 투자 회수를 보장해준다는 점을 강조하고 있다.

브라질 정부의 인프라 프로젝트 입찰이 본격화하면 그동안 페트로브라스 비리 스캔들과 건설 경기 침체로 수요가 대폭 줄어든 건설 중장비를 비롯한 각종 기계 장비 시장과 건설 자재 시장이 활기를 되찾을 것으로 전망된다.

무엇보다 테메르 정부가 국산품 의무 비중 완화를 고려하고 있어 그간에 우리 기업들이 장비 수출과 관련하여 겪은 애로 사항은 줄어들 것으로 기대하고 있다.

한국 기업의
투자 전략을 위한 제언

브라질은 경기가 호황과 불황을 주기적으로 반복하는 구조이므로, 우리 기업들도 중국처럼 경기 불황을 기회로 활용하는 방안을 모색할 필요가 있다. 중국의 투자 방식이 반드시 정답이라고 할 수는 없지만, 우리 기업들도 단기 투자 회수에만 관심을 두지 말고 멀리 내다보고 투자하는 중국의 전략을 참고할 필요가 있다.

오랜 경기 침체와 정국 불안이 계속되던 브라질은 이제 대통령 탄핵을 기점으로 미래로 전진하기 위해 기지개를 켜고 있다. 새로 출범한 테메르 정부의 국정 운영 능력이 어느 정도인지는 아직 평가하기 어렵지만 경제 회복에 초점을 맞춰 기업의 기대에 부응하는 각종 정책을 내놓을 것이 분명하다. 우리 기업들이 각종 사업 발주로 쏟아지는 기회를 잡고 브라질 시장을 선점하기 위해서는 시장 변화를 읽고 신속히 대응하는 노력이 어느 때보다 필요한 시점이다.

케냐에서 시작하는
아프리카 시장 진출

관윤구_ 나이로비 무역관

아프리카 시장의
잠재력

컨설팅 전문 업체 맥킨지는 「2010년 아프리카 투자 전략 보고서」에서 이렇게 언급한 바 있다.

"지금 아프리카에 투자하지 않는 것은 1990년대에 중국에 투자하지 않는 것과 같고, 2000년대에 인도에 투자하지 않는 것과 같다."

아프리카의 내수 시장을 일컬어 흔히 10억 명 이상의 잠재 소비자가 있다고 표현한다. 2016년 7월에 이스라엘과 인도의 수상이 차례로 케냐를 방문했다. 이스라엘 총리 벤자민 네타냐후는 동아프리카 4개국(우간다, 케냐, 에티오피아, 르완다) 순방을 통해 경제 외교의 확대를 기대했다. 2016년 5월에는 우리나라 대통령도 동아프리카를 순방했다. 중국과 일본의 대규모 아프리카 투자와 함께 세계 각국 정상들이 케냐를 연이어 방문하고 있다. 앞으로 아프리카 시장 진출을 위한 각국의 경합은 더욱 심해질 것으로 보인다. 이에 케냐에 먼저 진출한 국가와 그 사례를 살펴보면서 우리의 발 빠른 대응 및 진출 방안도 모색해보자.

프랑스의 자금 지원과 기업 진출

프랑스의 프랑수아 올랑드 대통령은 2016년 4월에 우후루 케냐타 케냐 대통령을 프랑스로 공식 초청했다. 두 국가 대통령의 양자 회담을 통해 2억 5천만 유로의 자금 지원에 대한 7개의 협상이 성사되었다.

현재까지 케냐에 진출한 프랑스 기업은 에너지, 보건, 농업, 부동산, 수송, 금융을 포함해 70여 개가 넘는다. 프랑스 대형 할인 체인점 까르푸는 브랜드 현지화 및 경쟁 회사들의 분석을 통해 6,000스퀘어피트의 Hub Karen 지점을 2016년 6월에 열었고, 100,000스퀘어피트의 Two Rivers 지점도 열 예정이다. 이뿐만 아니라 프랑스 슈나이더일렉트릭은 케냐 파워테크닉스를 16억 실링 규모로 인수·합병했다. 파워테크닉스는 몸바사로드에 위치해 있으며 300여 명의 직원을 고용하고 있다. 앞으로 슈나이더일렉트릭은 케냐를 제조업의 허브로 이용할 계획이다.

프랑스의 자금 지원에 관한 케냐 현지 일간지 기사 (출처 : 『Daily Nation』 2016년 4월 5일자)

독일의 원조와 시장 확대

독일은 3,700만 유로를 무상 원조하여 동아프리카연합 경제 통합 사업을 지원하고 있다. 이 사업에는 제약업 지역 인프라 개발, 비관세 장벽 제거, 전염병 예방을 위한 표준 실험실 건설이 포함되어 있다. 또한 수자원-공공 보건 위생 프로젝트의 유상 원조, 저소득층과 비정규직을 대상으로 한 건강 보험 데이터 관리 시스템의 확장과 현대화 프로젝트, 투루카나와 마사빗 지역의 가뭄 문제 조사를 무상으로 원조했다.

민간 부문에서는 독일 자동차 기업 다임러 나이로비 지사가 세워졌는데,

아프리카 내 41개 시장에 있는 벤츠와 푸조 브랜드의 판매와 고객 서비스를 관리할 예정이다. 동 기업은 해당 지역 내 시장 확대와 유통 허브 역할을 위해 나이로비를 선정했다. 다임러는 2015년에 500대의 벤츠 견인차를 판매하는 등 케냐 대형 트럭 사업에서 시장 점유율이 가장 높다.

덴마크,
기업 진출과 보안 지원

케냐에는 맥주 기업 칼스버그, 몸바사 항으로 화물을 운송하는 해운 기업 머스크, 투루카나 풍력 발전 사업 터빈을 제공하는 제조 업체 베스타스를 포함하여 약 50개의 덴마크 기업이 진출해 있다. 덴마크는 케냐 치안 보안을 위해 150억 실링(한화 1800억 원) 무상 지원을 약속했다. 자금 지원은 5년에 걸쳐 이루어질 예정이며, 이 지원금은 안티 테러리즘, 국내 치안, 마약 근절 사업 등에 집중 사용할 예정이다.

네덜란드,
시장 진출과 투자 유치

2015년 12월 나이로비에 네덜란드 무역관이 문을 열어서 시장 정보, 파트너 연구, 네트워킹 및 비즈니스 기회를 제공하고 있다. 네덜란드 국부 펀드(FMO)는 투루카나 호루 풍력 발전 사업에 5,300만 유로, Orb 에너지 개발에 2백만 달러, 케냐 차 개발청(KTDA)의 7개 소규모 수력 발전 사업에 5만 달러를 지원했다. 이와 함께 네덜란드는 케냐 현지 금융 서비스 분야 진출에 관심을 가지고 있다. 현재 네덜란드는 케냐의 해외 투자 유치의 3%를 차지하고 있다.

스위스, 원조 사업과 기업 인수

스위스 거대 화물 운송 업체인 파나피나가 케냐 내 항공 화물 운송 업체인 에어플로의 대부분의 지분을 인수하였다. 에어플로사는 네덜란드의 더치플라워그룹이 1994년 케냐에 직접 투자한 자회사로, 주로 유럽 시장의 원예 포장과 수출에 주력해왔다. 합병 이후에는 에어플로 파나피나로 명명될 것이며, 160여 명의 기존 직원들을 추가로 고용할 예정이다.

또한 스위스 오릭스에너지는 케냐에 5억 실링(한화 60억 원) 규모의 액화석유 가스(LPG) 공장을 건설 중이다. 그 밖에 스위스 정부는 2013년부터 2016년까지 개발도상국에 110억 스위스 프랑(한화 12억 5,000억 원) 규모의 해외 원조 사업을 진행하고 있다. 케냐의 경우는 금융 지원 국가에서는 제외되었지만 스위스 개발협력단체를 통해 식수 및 위생 시설 개선과 지구촌

환경 변화에 따른 재난 위험 감소를 위한 사회 기반 시설 건설 영역에서 원조를 실시하고 있다.

케냐 시장
진출 방안

해외 각국의 케냐 진출 사례별 특징을 보면, 공통적으로 국가 원조와 직접 투자 및 프로젝트 개발이 동시에 이루어진다는 것을 알 수 있다. 이에 따라 우리도 정부와 기업 간 공조를 통해 적절한 분야의 원조와 투자-프로젝트 수주 등을 병행할 필요가 있다.

주요국의 케냐 원조 현황을 보면, 영국의 원조 금액이 확연히 많으며, 프랑스도 2010년 이후 급격히 늘어난 것을 알 수 있다. 한국은 오히려 2007년 이후로 원조 금액이 눈에 띄게 줄었으며 다른 국가의 원조 금액에 비해 확연히 뒤처져 있다.

한국의 경우 다른 국가들에 비해서는 케냐에 진출한 기업이 많지 않으며, 기업 간 투자나 인수·합병 역시 드물다. 그러나 이런 상황에서도 우리 기업은 2012년 라무항 3선식 공사 설계 감리, 올카리야 1, 4기 지열 발전소 건설 (일본 기업과 합작), 나이로비 국제공항 제2 활주로 설계 감리 등을 수주한 바 있다.

우리 기업들은 세계적인 경쟁력을 갖추었음에도 불구하고 케냐의 대부

주요국 케냐 원조 현황

(단위:US$ 만)

나라	2006	2007	2008	2009	2010	2011	2012	2013	2014
영국	10,780	11,129	9,138	13,122	10,523	14,202	16,132	25,039	22,231
독일	4,541	6,247	8,529	8,574	7,982	15,656	15,701	9,851	10,570
프랑스	2,008	4,782	5,568	4,476	12,335	9,278	8,988	15,859	9,229
덴마크	4,366	4,690	5,931	5,979	6,464	7,127	5,598	4,818	4,949
한국	1,547	260	179	450	279	929	898	528	373

출처 : World Bank

분의 프로젝트가 해외 원조금 또는 다국적 공여 자금으로 진행되는 상황이라서 파이낸싱에 결정적으로 발이 묶여 있는 형편이다. 이에 따라 프로젝트 분야는 상기 주요국들의 케냐 진출 방식처럼 정부의 자금 지원과 동반할 필요가 있다.

　현재 케냐에 한국형 산업 단지를 건설하기 위한 경제 발전 경험 공유 사업을 진행하고 있는데 이러한 사업이 결실을 맺기 위해서는 대외국제협력 유상원조기금(EDCF) 지원과 함께 우리 관심 기업들의 적극적인 참여가 필요하다.